일러두기

- 초등학교 최신 교육 과정에 준하여 주제를 선정하였습니다.
- 각 학년 교과서를 철저히 분석하여 중요한 핵심 어휘만 뽑았습니다.
- 전 학년에서 배우거나 선행 학습한 단어는 해당 학년 수준에 알맞게 속뜻 풀이와 설명에 깊이를 더했습니다.
- 본 책에 제시한 한자의 뜻은 한자의 여러 가지 뜻 중 속뜻 풀이에 적합한 뜻을 택하였습니다.
- '한자, 꼬리에 꼬리를 물고'에 나오는 단어의 속뜻은 부록에 제시하였습니다.
- '과목별 찾아보기·가나다 찾아보기'는 가나다순으로 정리하였습니다.
- 띄어쓰기는 국립국어원의 어문 규정을 따랐습니다.

학교에서 가르쳐 주지 않는
교과서 한자어
이 단어 뜻이 뭘까?

채영희 지음 | 곽호명 그림

1학년

다락원

이 책이 필요한 진짜 이유

"여러분! 재미있는 이야기책에는 인물, 사건, 배경이라는 세 친구가 있어요."

"인물, 사건, 배경이요? 그게 뭐예요?"

"호호호! 이 책에 그 답이 있답니다. 함께 찾아볼까요?"

"1학년, 처음이 중요해요."

1학년은 초등학교 생활의 첫 시작이에요. 아이들은 새로운 선생님과 친구들을 만나 처음으로 학교란 곳에서 첫 '교과서'로 공부를 한답니다. 모든 일에서 처음이 가장 중요하듯이, 1학년은 학교 공부에 대한 흥미를 느끼는 대단히 중요한 시기지요.

"엄마, 이 단어 뜻이 뭐예요?"

교과서에는 알쏭달쏭한 단어들이 곳곳에 숨어 있답니다. 특히나 아이들에게 한자어는 더욱 취약이지요. "엄마, 이 단어 뜻이 뭐예요?"라고 묻는 아이에게 매번 설명해 줄 수도 없는 노릇이고…. 그래서 많은 아이가 1학년 때부터 한자 공부를 하지요. 하지만 천자문만 달달 왼다고 어휘력이 늘어날까요? 무조건 한자를 외우는 공부는 어휘력이 늘지도, 개념을 이해할 수도 없어요. 외우지 않고도 한자 하나하나 뜻풀이하여 속뜻을 이해하면 아무리 어려운 단어라도 머릿속에 쏙쏙 들어온답니다.

"1학년부터 탄탄하게! 단어 공부 습관을 길러요."

이 책은 아이들이 스스로 읽으면서 자연스럽게 단어를 익힐 수 있도록 설계했어요. 억지로 외우는 것이 아니라 이해하며 익히기 때문에 훨씬 더 머릿속에 오래 남지요. 어릴 때부터 단어를 꼼꼼히 짚고 넘어가는 습관은 훗날 어려운 단어가 점점 더 많아지는 고학년에서 강력한 무기가 될 수 있어요!

"성공적인 시작을 위해"

자, 두 아이가 있어요. 한 아이는 단어의 속뜻을 꼼꼼히 짚고 넘어가는 아이, 또 다른 아이는 대충 단어의 의미만 알고 넘어가는 아이. 이 작은 차이가 시간이 흘러 고학년이 되었을 땐 결국 큰 차이가 되어 돌아옵니다. 이 책은 학교 공부를 처음 시작하거나, 첫 시작을 준비하는 친구들에게 단어의 뜻뿐만 아니라 공부에 흥미를 느낄 수 있게 도와줄 거예요. 그럼 이제 재미있는 단어의 세계로 출발해 볼까요?

채영희

이 책은 이렇게 되어 있어요.

한눈에 쏘옥~ 주제 파악하기
교과서에서 꼭 알아야 할 주제만 쏙쏙 뽑았지요. 어떤 내용을 만날지 한눈에 알 수 있다고요. 자, 이제 재미있는 만화까지 읽었으면 단어 공부 준비 완료!

이야기를 따라 단어의 속뜻이 술술!
이야기를 따라 재미있게 읽다 보면 어렵던 교과서 한자어가 식은 죽 먹기! 과목 공부도 덩달아 되니 이제 성적 오르는 건 시간문제지요.

참고 자료
더 궁금하고 재미있는 이야기가 와르르~

단어 카드
단어 카드를 보며 한자 하나하나 뜻풀이하면 어느새 속뜻이 술술~ 이해가 팍팍!
우와~ 개념이 보인다!

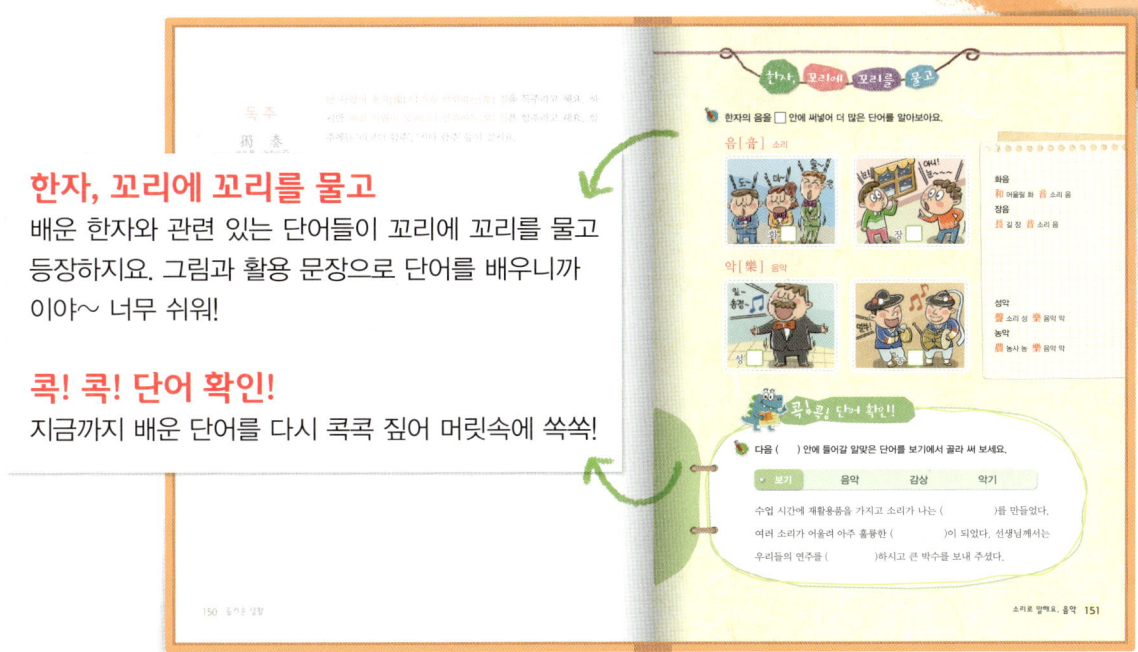

한자, 꼬리에 꼬리를 물고
배운 한자와 관련 있는 단어들이 꼬리에 꼬리를 물고 등장하지요. 그림과 활용 문장으로 단어를 배우니까 이야~ 너무 쉬워!

콕! 콕! 단어 확인!
지금까지 배운 단어를 다시 콕콕 짚어 머릿속에 쏙쏙!

단어 속뜻과 정답
잠깐! '한자, 꼬리에 꼬리를 물고'에 나오는 단어의 속뜻도 궁금하다고요? 부록에 단어의 속뜻과 정답이 있으니 걱정하지 마세요!

휘리릭 재빨리 단어 찾아보기
갑자기 교과서에서 어려운 한자어를 만났다면? 과목별 찾아보기, 가나다 찾아보기로 1초 만에 단어를 찾아볼 수 있어요.

차례

이 책의 순서는 이래요.

콕! 찍어 주는 **국어** 속 한자어

우리나라에서 사용하는 말, 국어 ········ 12
훈민정음, 자음자, 모음자, 국어

글자가 모여 단어로 변신! ········ 16
글자, 단어, 문장

입 밖으로 나간 소리, 발음 ········ 20
발음, 정확, 주의

생각을 말해요, 문장 부호 ········ 24
문장 부호, 온점, 반점, 표

만든 사람, 작가 ········ 28
작가, 작품, 제목, 내용

어린이를 위한 이야기, 동화 ········ 32
동화, 전래 동화, 독서

삼총사, 인물! 사건! 배경! ········ 36
인물, 주인공, 사건, 배경

어린이를 위한 시, 동시 ········ 40
동시, 시인, 낭송

생각을 말해요, 발표 ········ 44
발표, 의견, 질문, 대답

그날의 기록, 일기 ········ 48
일기, 요일

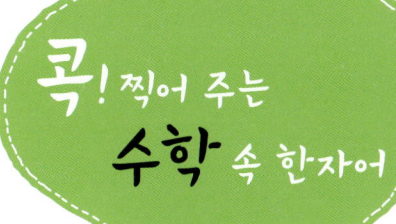

콕! 찍어 주는 **수학** 속 한자어

콕! 찍어 주는 통합 바른 생활 속 한자어

수로 배우는 학문, 수학 ·········· 54
수학, 숫자

더하고 빼기, 합과 차 ·········· 58
계산, 합, 차, 기호

양쪽이 같아요, 등식 ·········· 62
등호, 부등호, 등식, 부등식

쭉 길게 그은 줄, 선 ·········· 66
선, 직선, 곡선, 모양

때를 알려 주는 기계, 시계 ·········· 70
시계, 시각, 시간

견주어 보자, 비교 ·········· 74
비교, 규칙, 분류, 기준

배우고 가르치는 곳, 학교 ·········· 80
학교, 교실, 규칙, 실천, 실내화

바른 자세로 인사해요 ·········· 84
자세, 인사, 악수, 경례, 목례

내 마음을 받아 줘, 사과 ·········· 88
사과, 미안, 화해, 감사, 칭찬

마시고 먹는 것, 음식 ·········· 92
음식, 편식, 음료수, 식사, 간식, 야식

앞니와 어금니, 치아 ·········· 96
치아, 양치, 치약, 충치, 예방

여럿이 함께 쓰는 곳, 공공장소 ·· 100
공공장소, 피해, 질서, 공공시설, 양보

지구가 더러워졌어요, 환경 오염 ·· 104
환경 오염, 온난화, 공해, 자연 보호, 재활용

우리가 사는 나라, 대한민국 ····· 108
대한민국, 태극기, 애국가, 애국심, 무궁화, 한반도

콕! 찍어 주는 통합 슬기로운 생활 속 한자어

사람이 다니는 길, 인도 ················ 114
차도, 인도, 횡단보도, 도로, 교통

표시를 적은 판자, 표지판 ············ 118
표지판, 신호등

한집에 사는 한 핏줄, 가족 ············ 122
가족, 식구, 가정, 친척

사람의 몸, 신체 ······················ 126
신체, 반신, 상반신, 하반신, 이목구비, 심신

병을 고치는 집, 병원 ················ 130
병원, 환자, 의사, 간호사, 응급실, 구급차

이가 아프면 치과에 가요 ············ 134
치과, 안과, 외과, 내과, 이비인후과

소리로 진찰해요, 청진기 ············ 138
청진기, 체온계, 소독, 소독약, 주사기

가을걷이, 추수 ······················ 142
추수, 수확, 결실, 단풍, 낙엽

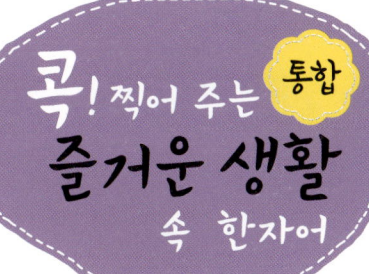

콕! 찍어 주는 통합 즐거운 생활 속 한자어

소리로 말해요, 음악 148
음악, 악기, 연주, 독주, 합주, 감상

소리를 적은 것, 악보 152
악보, 오선지, 음표, 박자, 음계

얼굴을 그려요, 초상화 156
화가, 도화지, 초상화, 풍경화, 미술

저절로 그러한 것, 자연 160
자연, 인공, 동물, 식물, 희귀종

우리 몸을 튼튼히, 운동 164
과체중, 체격, 운동, 체력, 체육, 체조

함께 운동하는 날, 운동회 168
운동회, 만국기, 청군, 백군, 장애물, 계주, 협동심

가을 저녁 둥근 달, 추석 172
명절, 추석, 벌초, 성묘, 세배, 덕담

야호! 신 나는 방학 176
방학, 생활 계획표, 숙제, 체험 학습, 개학

부록

단어 속뜻과 정답 182

과목별 찾아보기 192

가나다 찾아보기 195

콕! 찍어 주는 국어 속 한자어

우리나라에서 사용하는 말, **국어**   12
글자가 모여 **단어**로 변신!   16
입 밖으로 나간 소리, **발음**   20
생각을 말해요, **문장 부호**   24
만든 사람, **작가**   28
어린이를 위한 이야기, **동화**   32
삼총사, **인물! 사건! 배경!**   36
어린이를 위한 시, **동시**   40
생각을 말해요, **발표**   44
그날의 기록, **일기**   48

자음자와 모음자

우리나라에서 사용하는 말, 국어

우리글인 한글의 옛 이름은 훈민정음이랍니다. 훈민정음은 1443년 세종 대왕이 글자가 없어 힘들어하는 백성을 위해 만드신 글자예요.

훈(訓)은 '가르치다', 민(民)은 '백성', 정(正)은 '바르다', 음(音)은 '소리'라는 뜻으로, 백성[民]을 가르치는[訓] 바른[正] 소리[音]라는 예쁜 뜻이 있어요.

훈민정음

訓 民 正 音
가르칠 훈 백성 민 바를 정 소리 음

세종 대왕은 누굴까요?
조선의 제4대 왕이에요. 세종 대왕은 집현전 학자들과 함께 훈민정음을 만들고 과학자들과 새로운 과학 기구도 발명하였답니다. 세종 대왕 때에 발명한 과학 기구에는 해시계(앙부일구), 물시계(자격루), 측우기 등이 있어요.

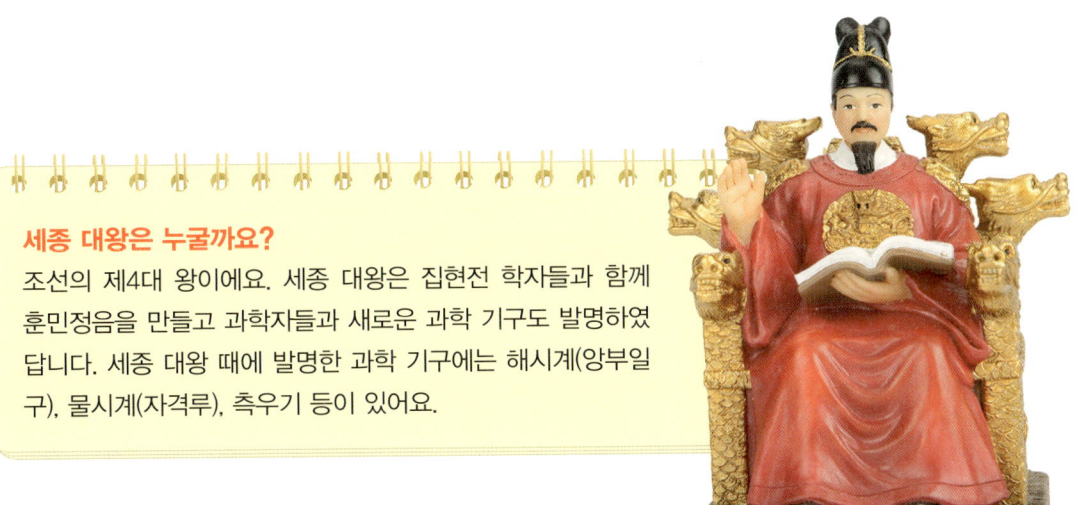

한글은 자음자와 모음자로 이루어져요. 자음자란 엄마의 도움을 받아야 하는 아이[子]처럼 모음의 도움이 있어야 소리[音]가 나는 글자[字]예요. 그래서 혼자서는 소리를 낼 수 없답니다.
아래의 기차에 자음자를 채워 볼까요?

자음자
子 音 字
아이 자　소리 음　글자 자

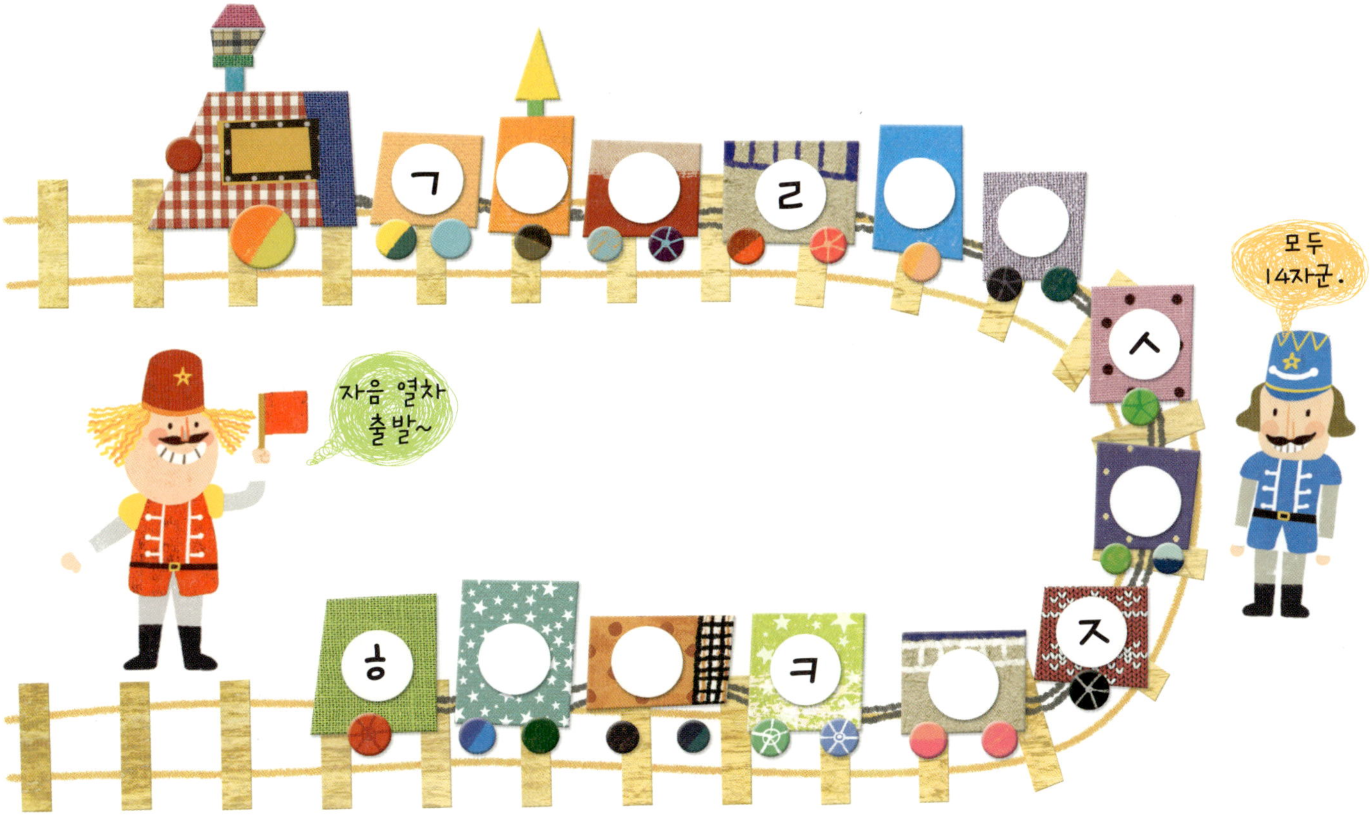

자음 열차 출발~

모두 14자군.

우리나라에서 사용하는 말, 국어

내 이름은 '끼역'이 아니라 '쌍기역'이야!

자음자를 채우는 건 식은 죽 먹기지요? 그럼 이제 자음자가 아닌 것을 골라 보세요.

① ㄲ　　　② ㅅ　　　③ ㅏ　　　④ ㅈ

그래요! 정답은 ③번입니다. 'ㅏ'와 같은 글자를 모음자라고 하는데 엄마[母]처럼 자음자를 도와주어 소리[音]가 나도록 하는 글자[字]예요. 아기 글자인 자음자와 엄마 글자인 모음자는 서로 떨어져서는 소리를 낼 수 없어요.

모음자
母 音 字
어머니 모 소리 음 글자 자

알고 있는 모음자에 동그라미를 쳐 봐요!

국어
國 語
나라 국 　 말 어

우리글은 한글이라고 하는데 우리말은 무엇이라고 할까요? 우리나라[國]에서 사용하는 말[語]을 국어라고 한답니다. 국(國)은 '나라'를 뜻하고, 어(語)는 '입으로 하는 말'을 뜻해요.

우리나라만 국어가 있나요?
나라마다 '국어'를 가지고 있어요. 우리나라의 국어는 '한국어'라고 하고 중국의 국어는 '중국어'라고 한답니다. 나라 이름에 '어' 자를 붙이면 그 나라 국어를 나타내요.

한자, 꼬리에 꼬리를 물고

✏️ 한자의 음을 ☐ 안에 써넣어 더 많은 단어를 알아보아요.

자 [子] 아들

1 아버지와 아들 사이를 부☐지간이라고 말하지요.
2 귀한 집 아들을 귀공☐라고 해요.

모 [母] 어머니

1 아버지와 어머니를 부☐라고 말해요.
2 어머니와 딸 사이를 ☐녀지간이라고 해요.

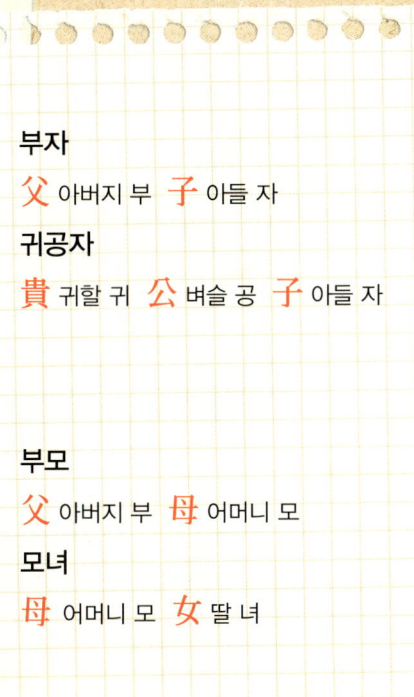

부자
父 아버지 부   子 아들 자

귀공자
貴 귀할 귀   公 벼슬 공   子 아들 자

부모
父 아버지 부   母 어머니 모

모녀
母 어머니 모   女 딸 녀

콕콕! 단어 확인!

✏️ 다음 사다리를 연결하여 완성된 단어를 ☐ 안에 써 보세요.

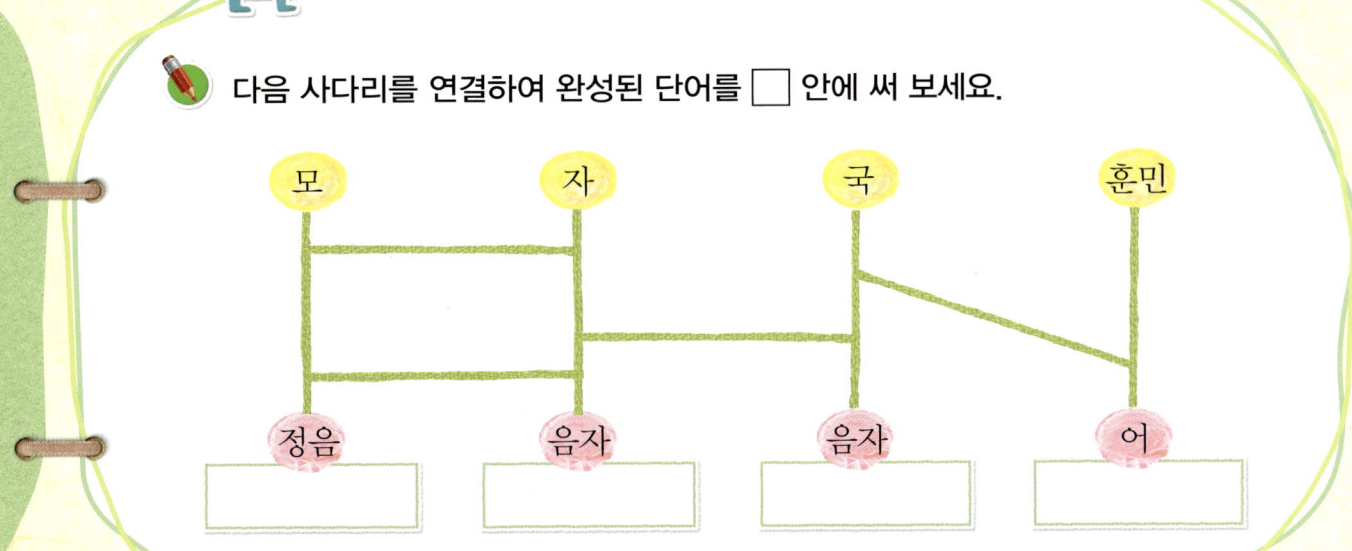

우리나라에서 사용하는 말, 국어

단어와 문장

글자가 모여 단어로 변신!

글자

글 字
　　글자 **자**

말은 입 밖으로 나오는 순간 쉽게 사라져요. 또 모양이 없어서 멀리 있는 사람에게 전달하기도 어렵지요. 그래서 다른 사람의 말을 눈으로 알아볼 수 있게 나타낸 표시를 글자[字]라고 한답니다.

아주 먼 옛날에는 벽에 그림을 그려서 하고 싶은 말을 나타냈어요. 점점 그림도 간단히 그리면서 쓰기 쉽고 알기 쉬운 글자가 탄생하게 되었어요.

우리나라 글자를 한글이라고 했지요? 한글은 자음자와 모음자가 완전히 합체해야 글자가 된답니다. 소리도 제대로 나고요.

다음 □ 안에 자음자와 모음자를 합쳐서 글자를 써 볼까요?

ㅎ + ㅏ = □   ㅁ + ㅏ = □

왼쪽은 '하'라는 글자가 되었고 오른쪽은 '마'라는 글자가 되었네요. 한 글자에는 뜻이 없지만 두 글자를 합치니까 뒤뚱뒤뚱 '하마'를 가리키는 단어가 되었어요.

단어는 간단한 뜻을 가져 혼자서도[單] 쓰이는 말[語]이에요. 보통 글자들이 모여 단어가 된답니다. 하지만 책, 빵, 눈처럼 한 글자인 단어도 있어요. 왜냐하면, 한 글자라도 뜻이 있기 때문이지요.

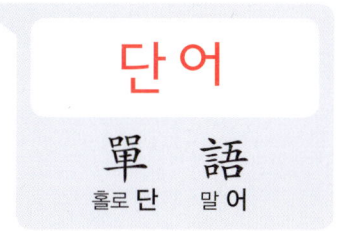

문장

文 章
글 문 글 장

김, 밥, 단무지, 시금치, 햄, 계란……. 우와~ 맛도 좋고 몸에 좋은 김밥 재료들이 가득 있네요. 여러 가지 재료가 모여서 맛있는 김밥이 되는 것처럼 우리가 쓰는 문장도 여러 단어가 모여 만들어진답니다. 문장은 단어를 모아 생각이나 느낌을 글자[文]로 적은 글[章]을 말해요.

아래 유리병에서 마음에 드는 단어를 꺼내 문장을 만들어 볼까요?

[　　　　]는(은) [　　　　]를 좋아합니다.

한자, 꼬리에 꼬리를 물고

한자의 음을 □ 안에 써넣어 더 많은 단어를 알아보아요.

문[文] 글

1 경주에는 천마총, 첨성대 등 많은 □화재가 있어요.
2 한자로 쓴 글을 한□이라고 해요.

장[章] 글, 모범

1 도□은 나무나 돌에 그림이나 글로 이름을 새기지요.
2 할아버지께서는 사회봉사 활동을 많이 하셔서 훈□을 받았어요.

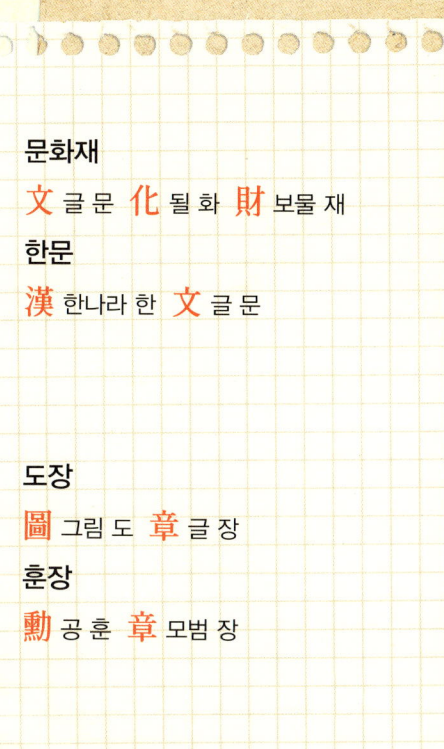

문화재
文 글 문　化 될 화　財 보물 재
한문
漢 한나라 한　文 글 문

도장
圖 그림 도　章 글 장
훈장
勳 공 훈　章 모범 장

콕콕! 단어 확인!

다음 ( ) 안에 들어갈 알맞은 단어를 보기에서 골라 써 보세요.

| 보기 | 단어 | 문장 |

1 글자가 모이면 뜻이 있는 ( )가 돼요.

2 단어가 모이면 내 생각을 나타내는 ( )이 돼요.

말소리를 낼 때 주의할 점

입 밖으로 나간 소리, 발음

발음

發 音
나갈 발 소리 음

현수는 자음자를 정확하게 소리 내어 읽지 못했어요. 말소리[音]를 정확하게 입 밖으로 내는[發] 것을 발음이라고 해요. 발(發)은 '밖으로 나가다.'라는 뜻이고, 음(音)은 '소리'라는 뜻이에요.

다음 중 올바르게 발음한 것에 ○ 해 보아요.

네, 정답은 'ㅇ'과 'ㅍ'이 맞습니다. 나머지는 왜 틀렸을까요? 'ㅌ'은 '티읕'이라 읽고 'ㅈ'은 '지읒'이라 읽어야 해요.

아이는 무슨 말을 한 걸까요? "아줌마, 저 우유 좀 주세요."라고 말했지만 이가 아파 이를 꽉 물고 이야기했더니 알아듣기 어렵게 되었어요.

말을 할 때는 또박또박 발음하는 것이 중요해요! 왜냐하면, 또박또박 발음해야 다른 사람이 금방 알아들을 수 있거든요. 소리를 또박또박 바르고[正] 확실하게[確] 내는 것을 '정확하게 소리를 낸다.'라고 하지요.

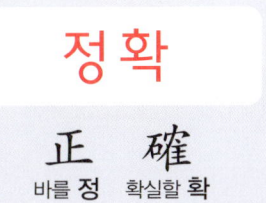

입 밖으로 나간 소리, 발음 21

말을 할 때 틀리지 않고 정확하게 발음하려면 주의를 기울여야 한답니다. 주의란 나의 뜻[意]에 맞게 마음을 한 곳에 쏟는[注] 것을 말해요. 주(注)는 '물을 붓다.'라는 뜻이에요. 물을 컵에 따를 때 신경 쓰지 않고 부으면 여기저기 다 흘리게 되지요? 그러니까 컵에 물을 부을 때처럼 조심해야 한다는 뜻이랍니다.

주의는 말소리를 낼 때만 필요한 게 아니에요. 학교를 마치고 집으로 돌아갈 때에도 항상 차가 오는지 안 오는지 주의하며 찻길을 건너야 해요.

한자, 꼬리에 꼬리를 물고

 한자의 음을 □ 안에 써넣어 더 많은 단어를 알아보아요.

발 [發] 쏘다, 나타나다

□사

□견

발사
發 쏠 발 射 쏠 사

발견
發 나타날 발 見 볼 견

음 [音] 소리

□악

소□

음악
音 소리 음 樂 악기 악

소음
騷 시끄러울 소 音 소리 음

콕콕! 단어 확인!

 다음 ( ) 안에 들어갈 알맞은 단어를 보기에서 골라 써 보세요.

| 보기 | 주의 | 발음 |

1. 말소리를 입 밖으로 내는 것을 (   )이라고 해요.

2. 찻길을 건널 때에는 (   )하며 건너야 해요.

입 밖으로 나간 소리, 발음

여러 가지 문장 부호

생각을 말해요, 문장 부호

문장 부호

文 章 符 號
글 문 글 장 기호 부 기호 호

여러분도 어떤 부호를 붙일지 생각해 보세요.

문장 끝에는 문장[文章]의 뜻을 알 수 있게 도와주는 기호[符號]를 써요. 그 기호를 문장 부호라고 한답니다.

친구가 짝에게 숙제를 다 했는지 묻고 있어요. 위처럼 서로 똑같은 말이지만 어떤 문장 부호를 쓰느냐에 따라 뜻이 완전히 달라진답니다.

문장 부호에는 온점, 반점, 느낌표, 물음표 등이 있어요. 온점, 반점은 뭘까요? 우리 얼굴에 있는 점은 까맣고 동그랗게 생겼지요? 문장에서도 까맣고 동그란 점이 있답니다. 문장에서는 그것을 온점이라고 말해요. 또 반만 까맣게 그린 점을 반점이라고 부른답니다.

온점 .	**온통 까맣게 그린 점[點]** 문장이 끝날 때 쓰여요. 예문: 너와 친구가 되고 싶어.	온점 온 點 점 점
반점 ,	**반[半]만 까맣게 그린 점[點]** 부르는 말 뒤에 쓰여요. 잠깐 숨을 내 쉬어요. 예문: 민지야, 밥 먹었어?	반점 半 點 절반 반 점 점

생각을 말해요, 문장 부호

표
標 나타낼 표

느낌표, 물음표는 무엇일까요? 표(標)는 '나타내다'라는 뜻으로, 느낌표는 느낌을 나타내는 부호고 물음표는 질문을 나타내는 부호예요.

느낌표 !	**느낌을 나타내는 표시[標]** 느낌을 나타내는 문장 끝에 쓰여요. 예문: 꽃이 참 예쁘다!
물음표 ?	**질문을 나타내는 표시[標]** 궁금한 것을 묻는 문장 끝에 쓰여요. 예문: 넌 이름이 뭐니?

따옴표 형제!! 큰따옴표, 작은따옴표

따옴표는 사람들이 한 말을 따와서 문장에 사용할 때 쓰는 부호예요. 큰따옴표와 작은따옴표가 있답니다.

" " 큰따옴표는 직접 한 말을 그대로 따와서 표시할 때 쓰는 부호예요.
예문: 호랑이는 "아이코, 아이코!"하며 달아났어요.

' ' 작은따옴표는 따온 말 가운데 다시 따온 말을 쓰거나, 마음속으로 한 말을 표시할 때 쓰는 부호예요.
예문: 두꺼비는 '고놈 참 쌤통이다.'라고 생각했어요.

한자, 꼬리에 꼬리를 물고

✏️ 한자의 음을 ☐ 안에 써넣어 더 많은 단어를 알아보아요.

점 [點] 점, 점수

1. 점으로 이루어진 줄을 ☐선이라고 해요.
2. 이번 선수가 잘하면 동☐이 될 수 있어요.

표 [標] 나타내다, 표

1. 달리기에서 일등 하는 것이 나의 목☐예요.
2. 상품의 이름이 적힌 표를 상☐라고 해요.

점선
點 점 점 線 줄 선

동점
同 같을 동 點 점수 점

목표
目 목적 목 標 나타낼 표

상표
商 상품 상 標 표 표

✏️ 다음 문장 부호와 그 뜻을 바르게 연결해 보세요.

물음표 ◉   ◉ 반만 까맣게 그린 점

반점 ◉   ◉ 질문을 나타내는 표시

✏️ 다음 ( ) 안에 알맞은 문장 부호를 써 보세요.

"민지야, 왜 그러니(   )"

"아(   ) 이가 아파요."

작가가 만든 작품

만든 사람, 작가

작가

作 家
만들 작 사람 가

『인어 공주』, 『톰 소여의 모험』 같은 재미있는 동화를 쓴 사람을 작가라고 해요. 작가는 만드는[作] 재주를 가진 사람[家]을 말한답니다. 그래서 책을 만드는 사람, 사진을 만드는 사람, 그림을 만드는 사람을 모두 작가라고 부르지요.

> **가(家)의 원래 뜻은?**
> 작가에서 '가(家)'는 '재주를 가진 사람'을 뜻하지만 '가(家)'는 원래 '집'을 뜻해요. 집에서 같이 사는 식구를 가족, 집에서 쓰는 전기 제품을 가전제품이라고 하지요.

소설가가 쓴 책, 사진작가가 찍은 사진, 화가가 그린 그림을 모두 작품이라고 해요. 작품은 작가가 정성을 다해 만든[作] 물건[品]을 말해요. 품(品)은 '물건'이라는 뜻인데 식품, 학용품, 화장품 등에서도 쓰여요.

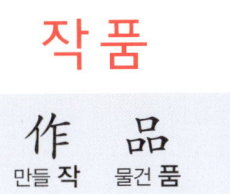

작 품

作 品
만들 작 물건 품

제목
題 目
이마 제 · 눈 목

작품에는 항상 제목이 붙어 있어요. 제목은 '이마[題]와 눈[目]'이라는 뜻으로 작품의 첫머리에 붙이는 이름을 뜻해요. 이마와 눈은 사람의 얼굴을 대표하는 중요한 부위인 만큼 제목도 작품을 대표하는 중요한 부위랍니다.

내용
內 容
안 내 · 담을 용

제목은 아무렇게나 붙이는 것이 아니라 작품에 담긴 내용을 단번에 알 수 있도록 붙여야 해요. 내용은 작품 속[內]에 담긴[容] 이야기지요. 『벌거숭이 임금님』이라는 책의 제목을 보면, 임금님이 벌거벗고 있다는 사실을 알 수 있어요! 그런데 왜 임금님이 벌거숭이일까? 그 답을 알려면 책을 읽어야겠죠? 아마도 작가는 책에 담긴 내용을 궁금하게 만들려고 제목을 이렇게 붙인 것 같아요.

한자, 꼬리에 꼬리를 물고

 한자의 음을 □ 안에 써넣어 더 많은 단어를 알아보아요.

작[作] 만들다, 짓다

1 어떤 일을 처음으로 하는 것을 시□이라고 해요.

2 농사를 지어 기른 식물을 농□물이라고 해요.

품[品] 물건

1 상□은 상점에서 사고파는 물건을 말해요.

2 귀하고 소중한 물건을 귀중□이라고 해요.

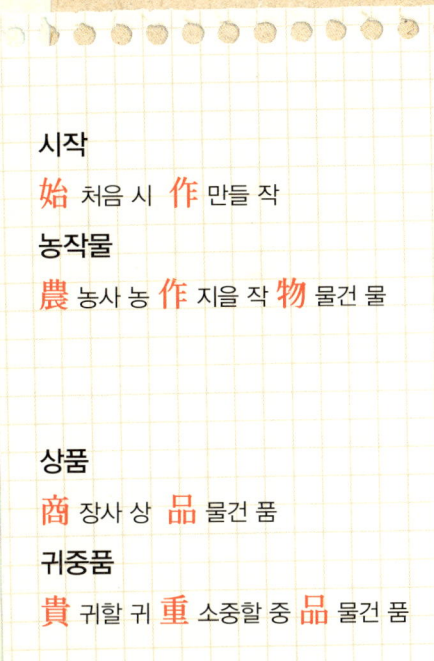

시작
始 처음 시　作 만들 작

농작물
農 농사 농　作 지을 작　物 물건 물

상품
商 장사 상　品 물건 품

귀중품
貴 귀할 귀　重 소중할 중　品 물건 품

콕콕! 단어 확인!

다음 단어와 뜻을 바르게 연결해 보세요.

내용　◉　　　　◉ 만드는 재주를 가진 사람

작품　◉　　　　◉ 작품 속에 담긴 이야기

작가　◉　　　　◉ 작가가 만든 물건

동화와 책 읽는 법

어린이를 위한 이야기, 동화

서점에 가면 재미있는 책이 많이 있지요?『백설공주』,『신데렐라』,『정글 북』,『콩쥐팥쥐』,『흥부와 놀부』……. 우와~ 손으로 꼽을 수 없이 많이 있네요.

동화

童 話
아이 동 이야기 화

이런 책들은 모두 어린이[童]를 위해 쓴 이야기[話], 동화라고 합니다. 동화책은 어린이를 위해 쓴 책이기 때문에 어른들은 잘 읽지 않아요.

옛날에도 어린이를 위한 이야기가 있었답니다. 우리가 알고 있는 『해와 달이 된 오누이』, 『혹부리 영감』, 『나무꾼과 선녀』도 모두 옛날부터 전해[傳] 오는[來] 어린이[童]를 위한 이야기[話]예요. 이것을 전래 동화라 하지요. 옛날부터 전해 오는 것에는 모두 '전래'라는 말을 붙인답니다. 전래 동화, 전래 동요, 전래 놀이…….

전래 동화

傳 來 童 話
전할 전 올 래 아이 동 이야기 화

'전래'라는 말은 다른 나라에서 전해 온 것을 말할 때도 쓰여요! 고추나 고구마는 다른 나라에서 우리나라로 전래한 농산물이에요.

어린이를 위한 이야기, 동화 **33**

독서

讀(읽을 독) 書(책 서)

책[書]을 **읽는[讀]** 것을 독서라고 해요. 책을 많이 읽으면 기억력도 좋아지고 머리도 좋아진대요. 똑똑해지려면 독서를 많이 해야겠지요?

책을 읽을 때 좋은 몇 가지 방법을 알려 줄게요.
하나, 매일 30분이라도 시간을 정해 놓고 책을 읽자!
둘, 다양한 책을 읽자!
셋, 한 번 읽은 책이라도 여러 번 읽자!
넷, 생각하면서 읽자!
다섯, 조용한 곳에서 집중하며 읽자!

다양한 책 읽기 방법

책은 읽는 방법에 따라 '다독, 정독, 속독'으로 나누어져요. 책을 많이 읽으면 '다독', 책을 자세히 읽으면 '정독', 책을 빨리 읽으면 '속독'이라고 해요.

다독   정독   속독

한자, 꼬리에 꼬리를 물고

한자의 음을 ☐ 안에 써넣어 더 많은 단어를 알아보아요.

동 [童] 아이

1 어린이의 마음을 ☐심이라고 해요.
2 어린이가 입는 옷을 아☐복이라고 해요.

화 [話] 이야기

1 서로 마주 보고 이야기하는 것을 대☐라고 해요.
2 손으로 이야기하는 것을 수☐라고 해요.

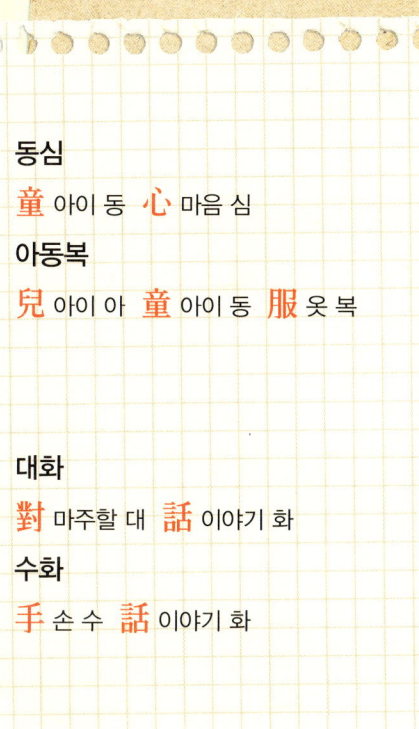

동심
童 아이 동　心 마음 심

아동복
兒 아이 아　童 아이 동　服 옷 복

대화
對 마주할 대　話 이야기 화

수화
手 손 수　話 이야기 화

콕콕! 단어 확인!

다음 문장에 알맞은 단어 공을 찾아 ( ) 안에 써 보세요.

(공: 동화, 전래, 정독, 독서)

1 '꼭꼭 숨어라'는 옛날부터 전해 오는 (　　　) 동요예요.
2 도서관은 (　　　)를 하는 곳이에요.
3 어린이는 (　　　)책을 많이 읽어요.
4 책을 읽을 땐 꼼꼼하고 자세하게 (　　　)을 해야지요.

이야기의 3요소

삼총사, 인물! 사건! 배경!

재미있는 이야기책에는 없어서 안 될 세 친구가 있어요. 그 친구는 바로 인물, 사건, 배경이에요. 자! 그럼 이야기의 세 친구를 자세히 알아볼까요?

첫 번째 친구는 '인물'이에요. 인물은 세상 모든 사물[物] 중 사람[人]을 뜻해요. 움직이는 동물과 땅에 심는 식물에도 이 물(物) 자를 쓴답니다.

인물

人　物
사람 인　사물 물

인물은 이야기 속에서 그 이야기를 이끌어나가는 사람을 말해요. 만약 신데렐라, 왕자님, 요정, 새언니 같은 인물이 없다면 『신데렐라』는 만들어지지 못했을 거예요.

신데렐라 이야기 중에서 가장 중요한 사람은 누굴까요? 바로 신데렐라예요. 가장 중요한[主] 사람[人]을 높여[公] 주인공이라 말해요. 다음 그림의 주인공 이름을 써넣어 제목을 완성해 보세요.

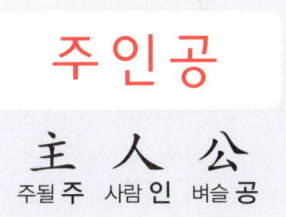

주 인 공

主 人 公
주될 주 사람 인 벼슬 공

벌거벗은 ☐　　　장화 신은 ☐

사건
事 件
일 사 · 일 건

두 번째 친구는 '사건'이에요. 어머! 신데렐라는 마차로 달려가다가 그만 구두가 벗겨졌어요. 이렇게 이야기 속에서 일어난 일[事件]을 사건이라고 한답니다.

배경
背 景
등 배 · 경치 경

세 번째 친구는 '배경'이에요. 배경은 인물 뒤[背]로 사건이 벌어지는 경치[景]를 말해요. 신데렐라 뒤로 펼쳐진 경치를 볼까요? 궁전이 보이고 시간은 12시네요. 궁전과 12시가 배경이 되는 거예요.

한자, 꼬리에 꼬리를 물고

 한자의 음을 ☐ 안에 써넣어 더 많은 단어를 알아보아요.

인[人] 사람

군 ☐

외국 ☐

군인
軍 군대 군 人 사람 인

외국인
外 바깥 외 國 나라 국 人 사람 인

물[物] 사물

동 ☐

식 ☐

동물
動 움직일 동 物 생물 물

식물
植 심을 식 物 생물 물

콕콕! 단어 확인!

 다음 (   ) 안에 알맞은 단어를 써 보세요.

1 이야기의 세 친구는 (   ), 사건, (   )이에요.

2 이야기에 나오는 인물 중 가장 중요한 사람을 높여 (   )이라고 해요.

동시를 낭송하는 법

어린이를 위한 시, 동시

시(詩)란 무엇일까요? 시는 자신의 생각이나 느낌을 짧고 간결하게 표현한 글을 말해요. 그럼 무엇을 시라고 하는지 한번 살펴볼까요?

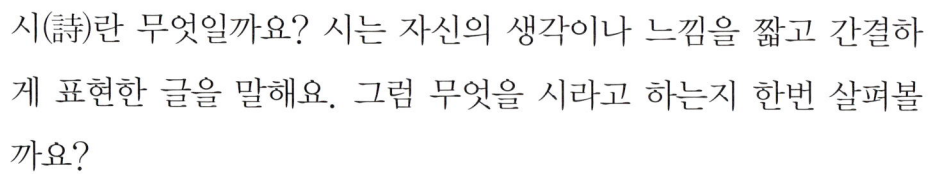

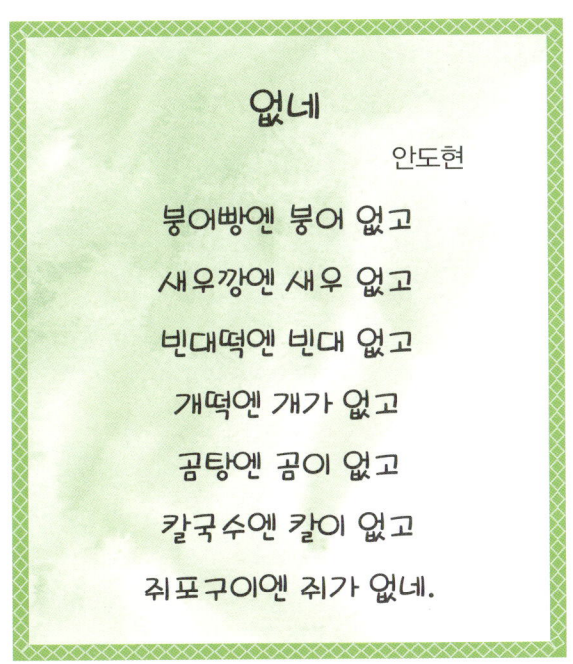

짧게만 쓴다고 다 시일까요? 노래를 부르는 것처럼 리듬감이 있어야 해요. 이 시에는 '없고'라는 말이 똑같이 나와서 꼭 노래 부르는 것 같아요. 시 중에는 정말 노래가 된 것도 많답니다.

어린이의 생각과 마음으로 어린이[童]를 위해 지은 시[詩]를 동시라고 해요. 동(童)은 동시, 동화, 동요 등 어린이와 관련 있는 단어에 주로 쓰여요.

동시

童 詩
아이 동 시 시

시인

詩 人
시 시 / 사람 인

그림 그리는 사람을 화가라고 하니까 시를 쓰는 사람은 시가라고 할까요? 시[詩]를 쓰는 사람[人]은 시인이라고 해요. 시를 쓰는 누구나 시인이 될 수 있어요.

낭송

朗 誦
맑을 랑 / 읽을 송

자, 이제 시를 소리 내어 읽어 볼까요? 시를 맑은[朗] 목소리로 읽는[誦] 것을 낭송이라고 해요. 시를 낭송할 때는 내용에 맞게 감정을 실어 읽어요. 그럼 마치 노래를 부르는 것 같지요. 왜냐하면, 시는 가락과 리듬이 곳곳에 숨어 있기 때문이에요.

한자, 꼬리에 꼬리를 물고

✏️ 한자의 음을 ☐ 안에 써넣어 더 많은 단어를 알아보아요.

동[童] 아이

☐ 안

☐ 요

동안
童 아이 동　顔 얼굴 안

동요
童 아이 동　謠 노래 요

인[人] 사람

☐ 형

노 ☐

인형
人 사람 인　形 모양 형

노인
老 늙을 로　人 사람 인

콕콕! 단어 확인!

✏️ 다음 단어와 뜻을 바르게 연결해 보세요.

낭송　●　　　　　●　시를 쓰는 사람

동시　●　　　　　●　어린이의 생각과 마음으로 어린이를 위해 지은 시

시인　●　　　　　●　맑은 목소리로 시를 읽는 것

자신의 생각 표현하기

생각을 말해요, 발표

발표

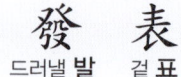

선생님께서는 수업 시간에 많은 것을 가르쳐 주시지요. 그런데 내 생각을 말하고 싶으면 어떻게 해야 할까요? 손을 번쩍 들고 발표를 해야 한답니다.

발표란 자신의 생각을 다른 사람이 알도록 겉[表]으로 드러내는 [發] 것을 말해요. 표(表)는 '겉'이라는 뜻인데, '속'의 반대말이지요. 발표를 잘하려면 떨지 않고 당당하게 말하면 돼요.

발표는 내 생각을 밖으로 나타낼 때뿐만 아니라 내 실력이나 결과를 세상에 알릴 때도 쓰여요. 예를 들어 '음악 발표회'나 '연극 발표회'는 열심히 갈고닦은 내 실력을 많은 사람에게 알리는 자리지요.

엄마, 아빠가 서로 의견 충돌이 있으신가 봐요. 의견은 나의 뜻[意]과 생각[見]을 말해요. 항상 내 의견과 다른 사람의 의견이 똑같을 순 없어요. 의견 충돌이란 서로 생각이 달라서 생기는 거랍니다. 하지만 걱정하지 마세요. 다 해결책은 있는 법이죠!

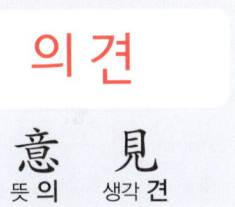

의 견

意 見
뜻 의　생각 견

질문
質問
물을 질 / 물을 문

대답
對答
대할 대 / 답할 답

수업 시간에 궁금한 것이 있으면 선생님께 질문해요. 질문은 모르는 것을 다른 사람에게 묻는[質問] 거랍니다. 그러면 선생님은 나의 질문에 척척박사처럼 대답해 주시지요. 다른 사람의 묻는 말에 대하여[對] 답하는[答] 것을 대답이라고 해요.

동문서답이 뭐예요?
대답은 물어본 내용에 맞추어 알맞게 답해야 해요. 물어본 내용과 상관없이 답하는 것을 동문서답(東問西答)이라고 한답니다. 길 가던 사람이 동쪽을 묻는데 엉뚱하게 서쪽을 대답해 준다는 뜻이지요.

한자, 꼬리에 꼬리를 물고

✏️ 한자의 음을 ☐ 안에 써넣어 더 많은 단어를 알아보아요.

표 [表] 겉, 표

웃는 ☐정

수업 시간 ☐

표정
表 겉 표　情 감정 정

시간표
時 때 시　間 사이 간　表 표 표

문 [問] 묻다

병 ☐ 안

반 ☐

병문안
病 병 병　問 물을 문　安 평안할 안

반문
反 돌이킬 반　問 물을 문

콕!콕! 단어 확인!

✏️ 다음 ☐ 안에 들어갈 알맞은 단어를 보기에서 골라 써 보세요.

| 보기 | 질문 | 발표 |

1 ☐☐ : 자신의 생각을 다른 사람이 알도록 겉으로 드러냄.

2 ☐☐ : 모르거나 의심나는 것을 다른 사람에게 물음.

일기와 날짜

그날의 기록, 일기

일 기

日　記
날 일　적을 기

여러분은 일기를 미뤄서 힘들었던 적 없었나요? 일기란 매일매일 그날[日] 있었던 일을 적은[記] 글이에요. 일기를 한 번 미루면 나중에 무슨 일이 있었는지, 날씨가 어땠는지, 무슨 요일인지 하나도 기억나지 않아요. 그래서 일기는 꼬박꼬박 써야 한답니다.

하지만 무턱대고 오늘 있었던 모든 일을 적을 필요는 없어요. 오늘 하루 재미있었고 기억에 남는 일 한 가지만 정해서 일기를 쓰면 된답니다.

아! 그런데 일기를 쓸 때 꼭 써야 할 것이 있어요. 무엇일까요?

매일매일 있었던 일을 헷갈리지 않게 적으려면 꼭 날짜를 적어야 해요. 그럼 날짜를 표시하는 '월, 일, 요일'에 대해 알아볼까요?

월(月)은 저녁이 되면 뜨는 '달'을 뜻해요. 초승달의 모양을 본떠 글자로 만들었죠. 달은 매일 모양이 바뀌다 30일 만에 처음 모양으로 돌아와요. 그래서 30일을 '한 달'이라고 하는 거예요. 그리고 일 년은 한 달이 12번 있어서 '열두 달'이라고 한답니다. 숫자 1~12까지 붙여서 1월, 2월, 3월 … 12월이라고 불러요.

그날의 기록, 일기

후아~덥다!

일(日)은 태양을 본떠 만든 글자로, '해'를 뜻해요. 해가 떠서 지면 하루가 지나지요. 그래서 '하루, 날'이란 뜻을 가지게 되었고, 해가 떠있는 '낮'을 뜻하기도 해요.

요일(曜日)은 **일주일[曜] 중 하루[日]**를 말해요. 월·화·수·목·금·토·일, 모두 일곱 요일이지요. 첫 번째 요일은 달을 대표로 삼아 '달 월(月)' 자를 붙여 월요일이라고 한답니다. 자, 그럼 일곱 요일은 무엇을 대표로 삼았는지 알아볼까요?

요일
曜　日
일주일 요　날 일

월요일	화요일	수요일	목요일	금요일	토요일	일요일
첫 번째 요일	두 번째 요일	세 번째 요일	네 번째 요일	다섯 번째 요일	여섯 번째 요일	일곱 번째 요일
月	火	水	木	金	土	日
달 **월**	불 **화**	물 **수**	나무 **목**	쇠 **금**	흙 **토**	해 **일**
달의 날	**불**의 날	**물**의 날	**나무**의 날	**쇠**의 날	**흙**의 날	**해**의 날

한자, 꼬리에 꼬리를 물고

 한자의 음을 □ 안에 써넣어 더 많은 단어를 알아보아요.

일[日] 날

생 □

식목 □

생일
生 태어날 생 日 날 일

식목일
植 심을 식 木 나무 목 日 날 일

기[記] 적다

신문 □ 자

필 □ 구

기자
記 적을 기 者 사람 자

필기구
筆 붓 필 記 적을 기 具 도구 구

콕콕! 단어 확인!

다음 설명이 맞으면 ○, 틀리면 X에 표시해 보세요.

1 일기는 매일매일 그날에 있었던 일을 쓰는 거예요. (○, X)

2 월은 저녁이 되면 뜨는 달을 뜻해요. (○, X)

3 화요일은 물의 날이에요. (○, X)

그날의 기록, 일기

콕! 찍어 주는 수학 속 한자어

수로 배우는 학문, **수학** 54

더하기 빼기, **합과 차** 58

양쪽이 같아요, **등식** 62

쭉 길게 그은 줄, **선** 66

때를 알려 주는 기계, **시계** 70

견주어 보자, **비교** 74

수학과 여러 가지 숫자

수로 배우는 학문, 수학

호랑이는 떡만 먹을 줄 알지 수학은 모르나 봐요. 수학은 우리 생활 속에서 아주 많이 사용된답니다. 문구점에서 학용품을 살 때도, 슈퍼에서 과자를 사 먹을 때도 수학이 사용되지요. 자, 그럼 호랑이도 몰랐던 수학! 도대체 어떤 것인지 차근차근 알아볼까요?

수학이 어떤 것이지 알려면 먼저 수가 무엇인지 알아야겠지요? 옆의 호랑이가 얼마나 할머니 떡을 빼앗아 먹었는지 한번 헤아려 봅시다.

하나, 둘, 셋, 넷, 다섯!! 우아! 호랑이가 이만큼이나 먹었군요. 호랑이가 먹은 떡을 센 것처럼 사물을 세어 나타낸 값을 '수'라고 한답니다. 또 덧셈, 뺄셈, 곱셈, 나눗셈처럼 수[數]로 배우는 학문[學]이 바로 '수학'이고요.

수학
數 學
셀 수 배울 학

수도 눈으로 볼 수 있게 글자처럼 표시할 수 있을까요? 그럼요. 수[數]를 알아볼 수 있게 나타낸 글자[字]를 숫자라고 해요.

숫자
數 字
셀 수 글자 자

숫자는 저 멀리 아라비아에서 사용한 아라비아 숫자도 있고, 중국에서 만든 한자 숫자도 있어요! 또 우리나라에서 쓰는 한글 숫자도 있답니다. 그럼 재미난 숫자의 세계로 빠져 볼까요?

우리가 흔히 쓰는 숫자는 아라비아 숫자죠. 아라비아 숫자는 아라비아 상인이 인도에서 숫자를 배워 와 여러 나라를 다니며 전파한 숫자예요. 그 후 다른 나라 사람들은 이 숫자를 '아라비아 숫자'로 부르게 되었답니다. 아라비아 숫자는 모든 수를 편리하게 나타내어 사람들이 가장 많이 사용하는 숫자지요.

'사과 삼 개'가 맞을까요? '사과 세 개'가 맞을까요? '아이참~ 당연히 세 개지요!'라고 생각했을 거예요. 하나, 둘, 셋처럼 옛날부터 우리나라에서 사용한 숫자를 '우리말 숫자'라고 합니다.

우리나라는 우리말 숫자와 더불어 '한자 숫자'도 같이 사용해요. 한자 숫자는 중국에서 들여와 지금까지 쓰고 있답니다. 한자 숫자를 우리말로 읽을 때는 '일, 이, 삼, 사, 오, 육, 칠, 팔, 구, 십'이라고 읽어요.

아라비아 숫자	1	2	3	4	5	6	7	8	9	10
우리말 숫자	하나	둘	셋	넷	다섯	여섯	일곱	여덟	아홉	열
한자 숫자	一 일	二 이	三 삼	四 사	五 오	六 육	七 칠	八 팔	九 구	十 십

한자, 꼬리에 꼬리를 물고

✏️ 한자의 음을 ☐ 안에 써넣어 더 많은 단어를 알아보아요.

수[數] 숫자

다 ☐ 결

분 ☐

다수결
多 많을 다　數 숫자 수　決 결정할 결

분수
分 나눌 분　數 숫자 수

학[學] 배우다

☐ 교

☐ 용품

학교
學 배울 학　校 학교 교

학용품
學 배울 학　用 쓸 용　品 물건 품

콕콕! 단어 확인!

✏️ 다음 빈칸에 알맞은 아라비아 숫자, 우리말 숫자, 한자 숫자를 써 보세요.

아라비아 숫자		5	7
우리말 숫자	셋		일곱
한자 숫자	三	五	

수로 배우는 학문, 수학　57

계산의 덧셈과 뺄셈

더하고 빼기, 합과 차

계산

計 算
헤아릴 계 / 셈할 산

수학은 숫자로 공부하는 것이지요. 숫자를 배우고 나면 숫자를 이용해 계산하는 법을 배우게 된답니다. 계산은 물건이 모두 몇 개인지, 얼마나 있는지 그 수와 양을 헤아려[計] 셈하는[算] 것이에요.

우리가 처음 만나는 계산은 덧셈과 뺄셈이에요. 어떤 수에서 어떤 수를 더하는 것이 덧셈이고 어떤 수에서 어떤 수를 빼는 것이 뺄셈이지요.

도넛은 몇 개인가요?　　　　　　　　　　　　　　(　　　　)개
케이크는 몇 개인가요?　　　　　　　　　　　　　(　　　　)개
그럼, 도넛과 케이크는 모두 몇 개인가요?　　　　(　　　　)개

이렇게 도넛 개수에 케이크 개수를 더하여[合] 계산한 값을 합이라고 한답니다. '도넛과 케이크의 합을 구하세요.'라는 말은 도넛에 케이크를 더한 값을 묻는 말이에요. 합(合)은 '흩어진 그릇과 뚜껑을 모아 하나로 맞춘다.'라는 뜻에서 글자가 만들어졌대요.

합
合
합할 합

더하고 빼기, 합과 차

차
差
다를 차

아니, 냉장고에 분명히 아이스크림 다섯 개가 있었는데 누가 먹었는지 오늘은 두 개만 남았네요. 어제 본 아이스크림 개수와 오늘 본 아이스크림 개수가 달라졌어요. 이때 달라진[差] 값을 차라고 한답니다. 차(差)는 원래 '다르다'라는 뜻인데 수학에서 빼기라는 말이지요.

기호
記 號
쓸 기　부호 호

'5와 2를 더하세요.'라는 긴말을 기호를 사용해서 '5 + 2'처럼 간단히 줄여 쓸 수도 있어요. 기호는 긴말을 간단히 줄여 쓸[記] 때 사용하는 부호[號]지요. 더하기는 '+', 빼기는 '−'로 나타낼 수 있답니다.

한자, 꼬리에 꼬리를 물고

한자의 음을 ☐ 안에 써넣어 더 많은 단어를 알아보아요.

합 [合] 합하다

1. ☐창은 많은 사람이 한목소리로 부르는 노래예요.
2. 하나로 합쳐 모양이 똑같은 것을 ☐동이라고 해요.

차 [差] 다르다

1. 서로 같지 않고 다른 것을 ☐이라고 해요.
2. 차이가 있게 구분하는 것을 ☐별이라고 해요.

합창
合 합할 합 唱 부를 창

합동
合 합할 합 同 같을 동

차이
差 다를 차 異 다를 이

차별
差 다를 차 別 나눌 별

콕콕! 단어 확인!

다음 ( ) 안에 들어갈 알맞은 단어를 보기에서 골라 써 보세요.

| 보기 | 기호 | 합 | 차 |

1. 2와 1의 ( )은 3이에요.
2. 6과 4의 ( )는 2지요.
3. 덧셈의 ( )는 '+'고, 뺄셈의 ( )는 '−'지요.

등호와 부등호

양쪽이 같아요, 등식

수학책에는 숫자만 나오는 것이 아니라 다양한 기호와 문자도 나오지요. 기호를 사용하면 복잡한 계산을 간단히 편리하게 나타낼 수 있답니다.

계산할 때 많이 쓰이는 기호 중 하나가 등호예요. 등호는 양쪽이 서로 같을[等] 때 사용하는 부호[號]랍니다. 두 수나 식이 같다는 뜻을 '='로 표시하지요.

등호
等 號
같을 등 부호 호

어느 한 쪽이 크거나 작을 때 사용하는 기호도 있어요. 부등호는 양쪽의 수나 식이 서로 같지[等] 않을[不] 때 사용하는 부호[號]예요. 두 수나 식의 크고 작은 관계를 '>'와 '<'로 표시한답니다.

부등호
不 等 號
아닐 부 같을 등 부호 호

양쪽이 같아요, 등식

길게 말로 쓴 계산을 숫자와 기호로 간단히 나타낸 방식을 식이라고 해요. 식 중에서 가장 기본이 되는 등식과 부등식에 대해 알아볼게요.

등식
等 式
같을 등 식 식

부등식
不 等 式
아닐 부 같을 등 식 식

등식은 수나 식을 등[等]호를 써서 나타낸 식[式]이에요. 등호를 쓰면 두 개의 수나 식이 서로 같다는 뜻이에요. 그러나 부등식은 수나 식을 부등[不等]호를 써서 나타낸 식[式]으로 어떤 수가 다른 수보다 크거나 작을 때 부등식으로 나타내지요.

2 < 3

3 > 2

휴! 이제야 똑같아졌네!

3 = 3

한자, 꼬리에 꼬리를 물고

 한자의 음을 □ 안에 써넣어 더 많은 단어를 알아보아요.

등 [等] 같다, 순위

평 □

일 □

평등
平 평평할 평 等 같을 등

일등
一 하나 일 等 순위 등

식 [式] 식, 의식

객관 □

입학 □

객관식
客 손님 객 觀 볼 관 式 식 식

입학식
入 들 입 學 배울 학 式 의식 식

콕콕! 단어 확인!

 다음 (   ) 안에 알맞은 단어를 써 보세요.

1 양쪽이 서로 같을 때 사용하는 부호를 (   )라고 하지요.

2 부등호를 써서 나타낸 식을 (   )이라 하지요.

 다음 식에 들어갈 알맞은 기호를 써 보세요.

1 5 □ 8   2 3 + 1 □ 4

양쪽이 같아요, 등식

다양한 선과 모양

쭉 길게 그은 줄, 선

위에서 내려다보면 개미 한 마리는 조그맣게 점처럼 보이지요. 까맣고 동그란 것을 점이라고 하는데 우리 얼굴에도 점이 있어요. 점이 아주아주 많아지면 선이 된답니다.

선은 쭉 길게 그은 줄[線]을 말해요. 달리기에서 출발하는 줄은 출발선, 전기가 흐르는 줄은 전선, 차가 다니는 줄은 차선이라고 해요.

선

線
줄 선

모든 사물은 직선과 곡선으로 나타낼 수 있답니다. 직선은 구불구불하지 않고 똑바로 곧게[直] 뻗은 선[線]이에요. 직선처럼 곧게 뻗은 머리카락을 직모, 똑바로 곧게 앞으로 나아가는 것을 직진이라고 하지요.

직선

直 線
곧을 직 줄 선

곡선은 구불구불하게 굽은[曲] 선[線]입니다. 곡선은 기와지붕에서도 볼 수 있고 한복에서도 볼 수 있어요. 또 항아리에서도 찾아볼 수 있지요.

곡선

曲 線
굽을 곡 줄 선

모양

模 様
본뜰 모 모습 양

직선과 곡선만 있으면 어떤 모양이라도 만들 수 있어요. 모양은 겉을 본떠서[模] 나타낸 생김새나 모습[樣]을 말해요.

우리 주변에는 다양한 모양들이 있어요. 액자에서는 네모 모양을, 표지판에서는 세모 모양을, 피자에서는 동그라미 모양을 찾을 수 있답니다. 또 어떤 모양이 있을지 곰곰이 생각해 보세요.

한자, 꼬리에 꼬리를 물고

 한자의 음을 □ 안에 써넣어 더 많은 단어를 알아보아요.

곡 [曲] 악곡

가곡
歌 노래 가 曲 악곡 곡
작곡가
作 만들 작 曲 악곡 곡 家 사람 가

선 [線] 줄

선로
線 줄 선 路 길 로
전선
電 전기 전 線 줄 선

콕! 콕! 단어 확인!

 다음 단어와 뜻을 바르게 연결해 보세요.

직선　●　　　　　●　구불구불하게 굽은 선

곡선　●　　　　　●　똑바로 곧게 뻗은 선

모양　●　　　　　●　겉을 본떠서 나타낸 생김새나 모습

쭉 길게 그은 줄, 선

시간과 시각의 차이

때를 알려 주는 기계, 시계

시계는 언제 일어나야 하는지 알려 주고, 언제 밥을 먹을지 알려 줘요. 우리가 생활하면서 어느 때에 무엇을 할지 계획할 수 있게 도와주지요.

만약 시계가 없다면 몇 시에 학교에 갈지, 몇 시에 잠자리에 들지 알 수 없게 돼요. 참! 밥 먹는 시간은 꼬르륵 울리는 배꼽시계가 있어서 시계를 보지 않고도 정확히 알 수 있어요.

짠!! 이것이 바로 시계입니다. 시계는 때[時]를 나타내거나 재는[計] 기계를 말해요. 1부터 12까지의 숫자가 동그라미를 그리며 둘러 있고 가운데 두 바늘이 숫자를 가리키며 빙글빙글 돌지요.

시계
時 計
때 시 셀 계

작은바늘이 가리키는 것은 '시'입니다. 시(時)는 태양의 움직임에 따라 바뀌는 '때'를 뜻해요. 한 시, 두 시, 세 시라고 읽어요. 큰바늘이 가리키는 것은 '분'입니다. 분(分)은 '나누다'라는 뜻인데, 시를 60개로 나눈 것이죠.

자, 아래 시계는 몇 시 몇 분인지 읽어 볼까요?

지금은 (   )시 (   )분이야.

때를 알리는 단어 중 시각과 시간은 비슷한 듯하지만 다른 뜻으로 쓰여요.

시각
時 刻
때 시 · 때 각

시각은 흐르는 시간[時] 중 어느 한 때[刻]를 알리는 말이에요. '지금 시간은 10시입니다.'라고 할 때 10시를 가리키는 말이므로 시간이 아니라 시각으로 쓰는 것이 맞겠지요?

시간
時 間
때 시 · 사이 간

시간은 어떤 시각[時]에서 어떤 시각 사이[間]를 알리는 말이에요. 점심은 12시부터 1시까지 먹으니까 '점심시간'이라고 한답니다.

자! 그럼 아래 아나운서는 시간을 써야 할까요? 시각을 써야 할까요? 정확히 5시 30분이라는 한 시점을 말하고 있으니 시간이 아니라 시각이라고 해야 해요.

한자, 꼬리에 꼬리를 물고

 한자의 음을 □ 안에 써넣어 더 많은 단어를 알아보아요.

계 [計] 세다

□획표

□산기

간 [間] 사이

□식

공□

계획표
計 셀 계 劃 나눌 획 表 표 표

계산기
計 셀 계 算 셈할 산 機 기계 기

간식
間 사이 간 食 먹을 식

공간
空 빌 공 間 사이 간

콕콕! 단어 확인!

 다음 ( ) 안에 '시각'과 '시간' 중 알맞은 단어를 써 보세요.

1 지금 (　　　)은 아침 6시 50분입니다.

2 아침 식사 (　　　)이 제일 즐겁습니다.

3 집에서 학교까지는 한 (　　　)이 걸립니다.

여러 가지 비교하기

견주어 보자, 비교

비교

比　較
견줄 비　견줄 교

두 연필 중 어느 연필이 더 긴지 알려면 어떻게 해야 할까요? 연필을 서로 붙여 놓으면 어떤 연필이 길고 짧은지 금방 알 수 있어요. 이렇게 **두 물건을 서로 견주어[比較] 살펴보는 것**을 비교라고 해요.

다음 그림을 보고 알맞게 비교한 말에 ○ 해 보세요.

빌딩보다 일층 집이
(높다 / 낮다)

코끼리보다 생쥐가
(크다 / 작다)

귤보다 사과가
(많다 / 적다)

우리 집보다 강아지 집이
(넓다 / 좁다)

자, ( ) 안에 어떤 모양이 들어갈까요?

정답은 ☆입니다. 왜냐하면, ☆ 다음에 ●가 나오는 규칙이 있기 때문이죠. 규칙은 기준으로 정한 법[規則]이에요. 법은 반드시 지켜야 하는 것처럼 규칙도 정해지면 반드시 지켜야 해요. 일정한 규칙이 있으면 뒤에 무엇이 올지 미리 생각할 수 있지요.

규칙

規 則
법 규   법 칙

커다란 주머니 안에 많은 물건이 섞여 있네요. 모양이 같은 것끼리 나누어 볼까요?

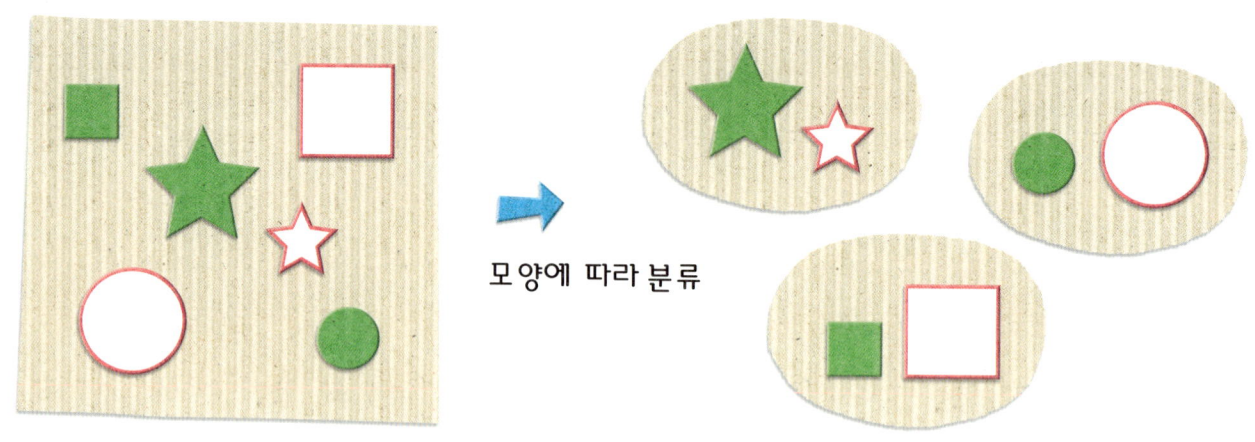

분류

分 類
나눌 분 무리 류

기준

基 準
기본 기 표준 준

이렇게 같은 종류[類]끼리 나누는[分] 것을 분류라고 해요. 분류할 때는 어떤 기준으로 분류하느냐에 따라 결과가 달라진답니다. 기준은 모양, 색깔, 크기처럼 분류할 때 기본[基]이 되는 표준[準]을 말해요.

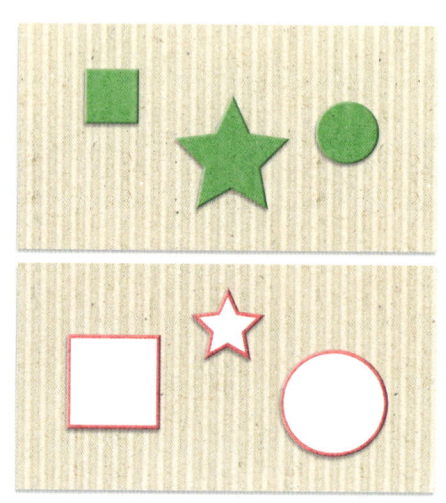

색깔에 따라 분류

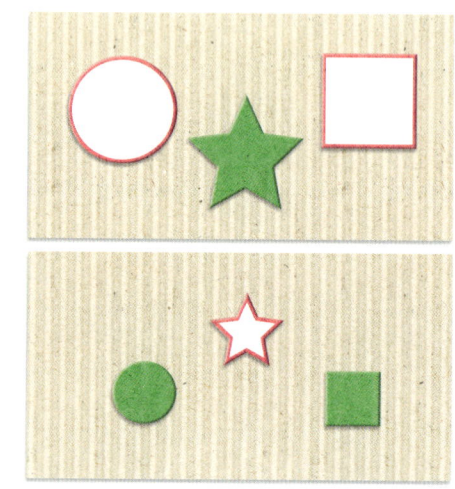

크기에 따라 분류

한자, 꼬리에 꼬리를 물고

✏️ 한자의 음을 ☐ 안에 써넣어 더 많은 단어를 알아보아요.

기 [基] 터, 근본

1. 기본이 되는 밑바탕을 ☐초라고 해요.
2. 기본이 되는 권리를 ☐본권이라고 해요.

준 [準] 준하다

1. 미리 마련하여 갖추어 놓은 물건을 ☐비물이라고 해요.
2. 나라의 기준이 되는 말을 표☐어라고 해요.

기초
基 터 기 礎 주춧돌 초

기본권
基 근본 기 本 근본 본 權 권리 권

준비물
準 준할 준 備 갖출 비 物 물건 물

표준어
標 나타낼 표 準 준할 준 語 말 어

콕콕! 단어 확인!

✏️ 다음 설명의 알맞은 단어에 ○ 해 보세요.

1. 두 물건을 서로 견주어 보는 것을 (비교 / 기준)(이)라고 해요.
2. 종류에 따라 나누는 것을 (분류 / 규칙)(이)라고 해요.

✏️ 다음을 비교해 보세요.

생쥐보다 코끼리가 (　　　　).

견주어 보자, 비교

콕! 찍어 주는 바른 생활 속 한자어

통합

배우고 가르치는 곳, **학교**   80

바른 **자세**로 **인사**해요   84

내 마음을 받아줘, **사과**   88

마시고 먹는 것, **음식**   92

앞니와 어금니, **치아**   96

여럿이 함께 쓰는 곳, **공공장소**   100

지구가 더러워졌어요, **환경 오염**   104

우리가 사는 나라, **대한민국**   108

신 나는 학교생활

배우고 가르치는 곳, 학교

학교

學 校
배울 학 학교 교

학교는 공부를 배우고[學] 가르치는 곳[校]이에요. 그중 우리가 다니는 학교를 초등학교라고 한답니다. 초등학교에 입학하면 6년 동안 친구들과 함께 재미있게 공부할 수 있어요.

학교에 가면 제일 먼저 교실로 향하지요. 교실은 선생님께서 우리에게 공부를 가르쳐[敎] 주시는 방[室]입니다. 교실에서 친구들과 함께 공부도 하고 놀기도 하지요.

교실

敎 室
가르칠 교 방 실

- 여기는 선생님께서 공부를 가르쳐 주시는 교탁이에요.
- 여기는 글자를 쓰는 칠판이에요.
- 물건을 넣는 사물함!
- 이건 책상과 의자!!

교실은 여러 친구와 함께 지내는 곳이므로 정해진 규칙을 잘 지켜야 해요. 규칙은 여러 사람이 지켜야 할 약속을 정해 놓은 법[規則]입니다.

규칙

規 則
법 규 법 칙

하지만 정해 놓은 규칙을 실제로[實] 행하지[踐] 않으면 필요가 없지요. 규칙을 잘 실천하면 다른 사람에게 피해를 주지 않는답니다.

실천

實 踐
진짜 실 행할 천

배우고 가르치는 곳, **학교**

실내화

室 内 靴
방실 안내 신발화

방 안을 실내라고 하고 방 밖을 실외라고 해요. 그래서 교실[室] 안[内]에서 신는 신발[靴]을 실내화라고 하지요. 운동할 때 신는 운동화나 비 오는 날 신는 장화, 굽이 낮은 단화는 교실 안에서 신으면 안 되고 교실 밖에서 신어야 해요.

한자, 꼬리에 꼬리를 물고

 한자의 음을 □ 안에 써넣어 더 많은 단어를 알아보아요.

학[學] 배우다

1 일 년에 수업은 두 □기로 나뉘어요.

2 외국에 머무르며 배우는 것을 유□이라고 해요.

교[校] 학교

1 학교로 들어가는 문을 □문이라고 해요.

2 학교에서 학생들이 입도록 정한 옷을 □복이라고 해요.

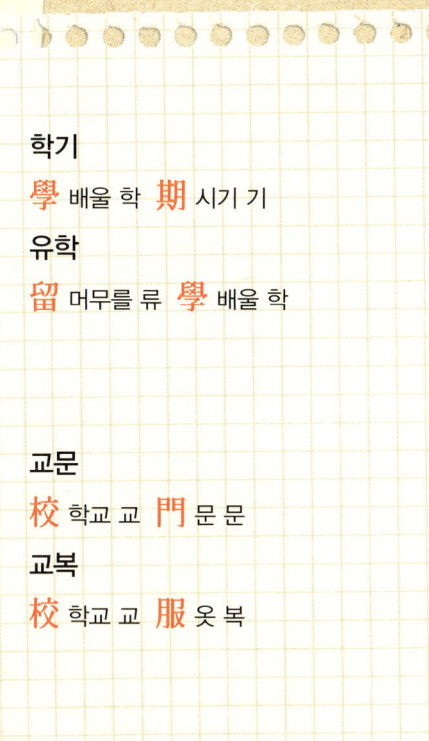

학기
學 배울 학 期 시기 기
유학
留 머무를 류 學 배울 학

교문
校 학교 교 門 문 문
교복
校 학교 교 服 옷 복

콕! 콕! 단어 확인!

다음 ( ) 안에 들어갈 알맞은 단어를 보기에서 골라 써 보세요.

| 보기 | 학교 | 실내화 | 규칙 |

1 올해 8살이 되어 (　　　　)에 입학했어요.

2 학교에서 생활할 때에는 (　　　　)을 잘 지켜야 해요.

3 교실에서는 (　　　　)를 신어야 해요.

배우고 가르치는 곳, 학교

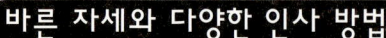

바른 자세와 다양한 인사 방법

바른 자세로 인사해요

자세

姿 勢
모양 자 모습 세

지금 구부정하게 앉아 있거나 다리를 떨고 있지는 않나요? 이 자세는 바른 자세가 아니랍니다. 자세는 몸의 모양[姿]과 움직이는 모습[勢]을 말해요. 바른 자세를 하면 몸이 건강해지고 마음가짐도 올발라지지요.

길을 가다 어른을 만나면 제일 먼저 바른 자세로 인사를 하지요. 인사는 다른 사람[人]과 마주쳤을 때 예의를 지키는 일[事]이에요. 인사는 가장 기본적인 예의지요.

인사

人 事
사람 인　일 사

인사는 누구를 만나느냐에 따라 모두 달라요. 어른을 만나면 허리를 굽혀 공손히 인사를 하지만 친구를 만나면 손을 흔들어 인사를 하지요.

또 나라마다 인사하는 방법도 다르답니다. 우리나라는 예로부터 절을 하거나 허리를 굽혀 인사를 했지요. 하지만 외국은 손[手]을 마주 잡고[握] 흔드는 인사법인 악수를 했어요.

악수

握 手
쥘 악　손 수

바른 자세로 인사해요

경례

敬 禮
공경할 경 　 예의 례

군인 아저씨들은 어떻게 인사를 할까요? 군인 아저씨들은 손을 눈썹 위로 들었다 내리는 것이 인사랍니다. 이것을 경례라고 하는데 공경[敬]하는 뜻을 담아 예의[禮]를 지키는 인사지요.

목례

目 禮
눈 목 　 예의 례

하루에도 여러 번 마주치는 사람에게 매번 허리를 굽혀 인사를 해야 할까요? 그럴 때는 가볍게 목례를 하면 된답니다. 목례는 고개를 까딱 숙이는 것이 아니라 눈[目]짓으로 가볍게 예의[禮]를 지키는 인사예요. 우리말로 눈인사라고도 해요.

한자, 꼬리에 꼬리를 물고

✏️ 한자의 음을 □ 안에 써넣어 더 많은 단어를 알아보아요.

목 [目] 눈, 보다

□격

지□

목격
目 눈 목　擊 볼 격

지목
指 가리킬 지　目 볼 목

례 [禮] 의례

혼□

제□

혼례
婚 결혼할 혼　禮 의례 례

제례
祭 제사 제　禮 의례 례

콕콕! 단어 확인!

✏️ 다음 (　) 안에 알맞은 단어를 써 보세요.

1 다른 사람과 마주쳤을 때 예의를 지키는 일을 (　　　)라고 해요.

2 손을 마주 잡고 흔드는 인사법을 (　　　)라고 해요.

3 눈인사를 (　　　)라고 해요.

바른 자세로 인사해요

사이좋게 지내는 방법

내 마음을 받아 줘, 사과

사과

謝 빌 사 　過 잘못 과

친구들과 사이좋게 지내다가도 사소한 말다툼으로 서로 기분이 상하기도 하지요? 잘못했을 때는 친구에게 사과해야지요. 사과는 먹는 과일이 아니라 잘못[過]을 빌어[謝] 용서를 구하는 것이에요.

친구에게 사과할 때에는 어떻게 해야 할까요? 올바른 사과 방법에 ○ 해 보세요.

( )   ( )

사과할 때에는 상대방의 눈과 얼굴을 보고 부드러운 말투로 "미안해."라고 말해야지요. 내 기분만 생각하고 상대방의 마음을 신경 쓰지 않으면 진정한 사과가 아니에요.

우리가 사과할 때 가장 많이 하는 말은 바로 "미안합니다." "미안해."지요. 미안하다의 미안은 '다른 사람에게 잘못하여 마음이 편하지[安] 못하다[未].'라는 뜻이랍니다.

미안

未 安
아닐 미　편안할 안

내 마음을 받아 줘, 사과

화해
和 解
어울릴 화 풀 해

미안하다고 사과를 하면 상대방의 사과도 받아줄 줄 알아야 해요. 화해는 사과를 받고 안 좋았던 마음을 풀어[解] 다시 사이좋게 어울리는[和] 것입니다.

감사
感 謝
느낄 감 보답할 사

칭찬
稱 讚
이야기할 칭 기릴 찬

친구들과 다투지 않고 사이좋게 지낼 수 있는 마법의 말이 있어요! 그건 감사하는 말과 칭찬하는 말! 감사는 고마움을 느끼고[感] 보답하려는[謝] 마음을 말하고 칭찬은 좋은 점이나 착한 일을 잘했다고[讚] 이야기하는[稱] 것이에요. 감사하는 말과 칭찬하는 말은 많이 할수록 기분이 좋아지는 마법이 숨어 있으니 자주 하면 좋겠지요?

한자, 꼬리에 꼬리를 물고

 한자의 음을 ☐ 안에 써넣어 더 많은 단어를 알아보아요.

미[未] 아니다

☐ 달

☐ 완성

미달
未 아닐 미 達 이를 달

미완성
未 아닐 미 完 완전할 완 成 이룰 성

안[安] 편안하다

불 ☐

☐ 부 인사

불안
不 아닐 불 安 편안할 안

안부
安 편안할 안 否 아닐 부

콕콕! 단어 확인!

 다음 ( ) 안에 들어갈 알맞은 단어를 보기에서 골라 써 보세요.

| 보기 | 미안해 | 고마워 |

1 친구가 도와주면 "(   )."라고 말해요.

2 친구와 싸우면 먼저 "(   )."라고 사과를 해요.

내 마음을 받아 줘, 사과 91

올바른 식사 예절

마시고 먹는 것, 음식

음식

飮　食
마실 음　먹을 식

식물은 물만 먹어도 잘 자라지만 사람은 물만 먹고 살 수 없어요. 우리는 맛있는 음식을 먹어야 키도 쑥쑥 크고 힘도 불끈불끈 나지요. 음식은 마시고[飮] 먹는[食] 모든 것을 말해요.

밥, 김치, 콜라, 피자, 치킨, 잡채……. 우와! 세상에는 아주 많은 음식이 있어요. 음식은 골고루 먹어야지 편식을 하면 안 돼요. 편식이란 많은 음식 중 좋아하는 한쪽[偏]만 먹는[食] 습관을 말하지요.

편식

偏 食
한쪽 편　먹을 식

그럼 좋지 않은 식사 예절에는 어떤 것이 있는지 알아볼까요?

1. 음식을 입에 넣고 이야기하면 보기 흉해요.
2. 숟가락과 젓가락은 한 손에 들지 않아요.
3. 국은 후루룩 소리를 내지 않고 먹어요.
4. 밥그릇이나 국그릇은 들고 먹지 않아요.

퍽퍽한 곰보빵이나 과자를 먹으면 목이 메지요? 그럴 때는 시원한 음료수 한 잔이면! 캬~ 갈증이 싹 가신답니다. 음료수는 물[水]처럼 마시는 마실[飮] 거리[料]를 말해요. 주스, 콜라, 사이다 같은 것들이 있지요.

음료수

飮 料 水
마실 음　재료 료　물 수

마시고 먹는 것, 음식

식사

食 事
먹을 식　일 사

정확히 하루 세 번 배꼽시계는 꼬르륵하고 신호를 보냅니다. 이렇게 때마다 끼니를 먹는[食] 일[事]을 식사라고 해요. 식사는 아침, 점심, 저녁 하루에 세 번 먹어요.

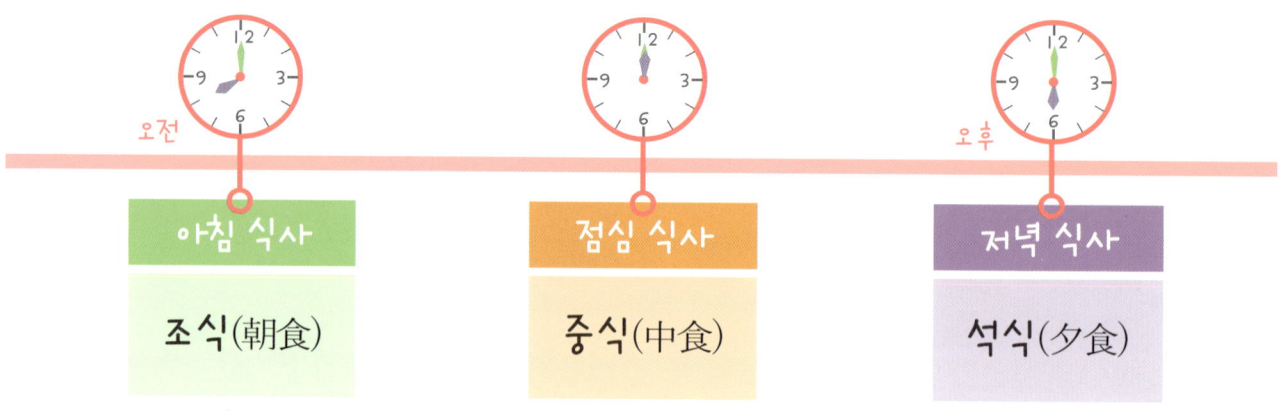

간식

間 食
사이 간　먹을 식

야식

夜 食
밤 야　먹을 식

'어? 이상하다. 난 점심을 먹고 나서 또 먹기도 하는데…….'하고 생각하는 친구들도 있을 거예요. 아침, 점심, 저녁 끼니 사이[間]에 먹는[食] 음식을 간식이라고 해요. 늦은 밤[夜]에 먹는[食] 음식은 야식이라 하고요. 그러나 간식과 야식은 너무 많이 먹으면 살이 찌기 쉬우니 조심하는 게 좋아요.

한자, 꼬리에 꼬리를 물고

 한자의 음을 ☐ 안에 써넣어 더 많은 단어를 알아보아요.

야 [夜] 밤, 어둡다

1 낮과 밤을 주☐라고 해요.

2 어둠 속에서 스스로 내는 빛을 ☐광이라고 해요.

식 [食] 먹다, 음식

1 밥이나 빵과 같이 식사 때 주로 먹는 음식을 주☐이라고 해요.

2 음식을 파는 가게를 ☐당이라고 하지요.

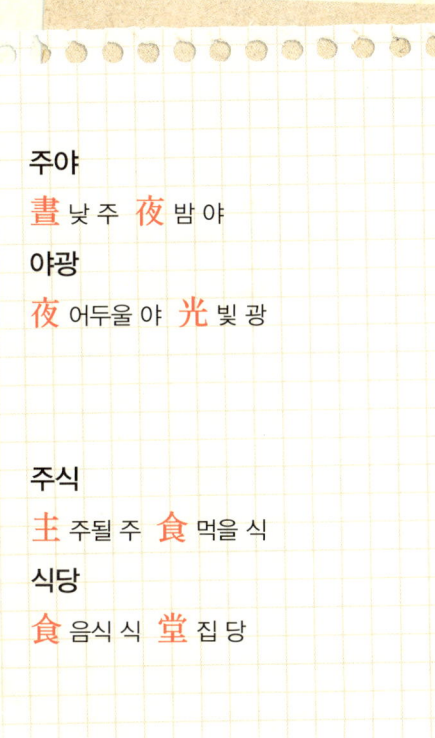

주야
畫 낮 주 夜 밤 야

야광
夜 어두울 야 光 빛 광

주식
主 주될 주 食 먹을 식

식당
食 음식 식 堂 집 당

콕콕! 단어 확인!

다음 ( ) 안에 들어갈 알맞은 단어를 보기에서 골라 써 보세요.

| 보기 | 음식 | 편식 | 간식 |

1 마시고 먹는 모든 것을 (　　　)이라 해요.

2 좋아하는 음식만 먹는 습관을 (　　　)이라 해요.

3 끼니 사이에 먹는 음식을 (　　　)이라 해요.

마시고 먹는 것, 음식

튼튼한 치아 가꾸기

앞니와 어금니, 치아

치 아

齒　牙
이 치　어금니 아

음식을 몸속으로 보내려면 입안에서 꼭꼭 씹어야 해요. 우리가 음식을 씹을 때 사용하는 게 바로 치아지요! 치아는 입속의 앞니[齒]부터 어금니[牙]까지의 이를 말해요.

우리는 앞니로 음식물을 베어 먹고
어금니로 음식물을 씹어 먹지요.
만약 치아가 없다고 생각해 보세요.
힘들게 음식을 통째로 삼키거나 빨대로 빨아 먹어야 한답니다.

치아를 튼튼하게 가꾸려면 양치를 자주 해야 해요. 양치는 소금이나 치약으로 이[齒]를 닦아 튼튼하게 가꾸는[養] 일을 말해요. 아, 참! 치약은 이[齒]를 닦는 데 쓰는 연고 같은 약[藥]을 말하지요. 치아를 잘 가꾸려면 단 음식을 먹지 않는 것도 중요하지만, 음식을 먹고 바로 양치하는 습관이 중요하답니다.

동물들도 우리와 조금 다른 모습으로 양치해 이를 보호한답니다. 악어가 입을 벌리고 있으면 악어새가 찾아와 음식물을 빼내 먹지요. 악어는 치아가 깨끗해져서 좋고, 악어 새는 쉽게 먹이를 구할 수 있어서 좋답니다.

충치

蟲 齒
벌레 충　이 치

양치를 잘 하지 않으면 충치가 생겨요. 충치는 이가 까맣게 썩는 것을 말하지요. 마치 벌레[蟲]가 이[齒]를 갉아먹은 것 같아서 충치라는 이름이 생겼대요.

예방

豫 防
미리 예　막을 방

충치가 생기기 전에 예방하는 것이 정말 중요해요! 예방은 '나쁜 일이 생기기 전에 미리[豫] 막는다[防].'라는 뜻이에요.

충치를 예방하려면
1. 설탕이 들어간 음료수 먹지 않기.
2. 하루 세 번 양치하기.
3. 치과에 자주 가서 치료받기.

한자, 꼬리에 꼬리를 물고

 한자의 음을 □ 안에 써넣어 더 많은 단어를 알아보아요.

치 [齒] 이

□과

□통

치과
齒 이 치　科 과목 과

치통
齒 이 치　痛 아플 통

약 [藥] 약

□국

구급□

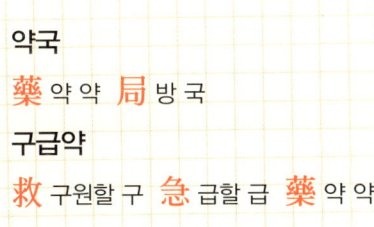

약국
藥 약 약　局 방 국

구급약
救 구원할 구　急 급할 급　藥 약 약

콕콕! 단어 확인!

 다음 (　) 안에 알맞은 단어를 써 보세요.

1 (　　　　)가 없으면 입안에서 음식을 씹지 못해요.

2 이를 닦는 데 쓰는 약을 (　　　　)이라고 해요.

3 마치 벌레가 갉아먹은 것처럼 썩은 이를 (　　　　)라고 해요.

앞니와 어금니, 치아　99

공공장소에서의 바른 예절

여럿이 함께 쓰는 곳, 공공장소

공공장소

公 共 場 所
여럿 공 함께 공 마당 장 곳 소

여러[公] 사람이 모여서 함께[共] 사용하는 장소[場所]를 공공장소라고 해요. 우리가 아는 공공장소를 이야기해 볼까요? 공원, 놀이터, 지하철, 도서관, 박물관, 은행, 병원 등이 있지요.

공공장소는 여럿이 모이는 장소라 다른 사람에게 피해 주는 행동을 해서는 안 돼요. 피해란 '해로움[害]을 입다[被].'라는 뜻으로, 생각 없이 한 행동이 다른 사람에게는 피해가 될 수도 있어요.

피해

被 害
입을 피 해로울 해

1. 뛰어다니지 않아요.

2. 소리를 지르지 않아요.

3. 쓰레기를 버리지 않아요.

공공장소에서 반드시 지켜야 하는 것이 있어요. 그것은 질서! 질서는 차례대로[秩] 자신의 순서[序]를 지키는 것이에요. 질서를 잘 지키면 아무 사고도 일어나지 않지요. 하지만 질서를 잘 지키지 않으면 시간도 오래 걸리고 새치기를 당해 기분도 좋지 않아요.

질서

秩 序
차례 질 차례 서

여럿이 함께 쓰는 곳, 공공장소

공공시설

公 共 施 設
여럿 공　함께 공　베풀 시　세울 설

공공장소에는 여러[公] 사람이 함께[共] 사용하도록 나라에서 베풀어[施] 세운[設] 물건이 있지요. 그것을 공공시설이라고 해요. 공공시설은 많은 사람이 함께 사용하기 때문에 내 것처럼 소중히 사용해야 해요.

양보

讓 步
넘겨줄 양　걸음 보

또 공공장소에서는 서로 양보하는 마음을 가져야 해요. 양보란 먼저 한 걸음[步] 뒤로 물러나 다른 사람에게 좋은 마음으로 내어 주는[讓] 것이지요. 버스에서 자리를 양보할 수도 있고, 놀이터에서 놀이 기구를 양보할 수도 있어요.

한자, 꼬리에 꼬리를 물고

✏️ 한자의 음을 ☐ 안에 써넣어 더 많은 단어를 알아보아요.

공 [公] 여럿, 공평하다

1 식구들은 가까운 ☐원에 소풍을 나갔어요.

2 공평하고 올바른 것을 ☐정하다고 하지요.

공 [共] 함께

1 다른 사람과 함께 이용하는 것을 ☐용이라고 해요.

2 다른 사람과 함께 가지는 것을 ☐유라고 하지요.

공원
公 여럿 공 園 동산 원

공정
公 공평할 공 正 바를 정

공용
共 함께 공 用 쓸 용

공유
共 함께 공 有 가질 유

 콕콕! 단어 확인!

✏️ 다음 ( ) 안에 들어갈 알맞은 단어를 보기에서 골라 써 보세요.

| 보기 | 공공장소 | 양보 | 피해 |

1 여러 사람이 모여 함께 이용하는 장소를 ( )라고 해요.

2 도서관에서 큰 소리로 이야기하면 다른 사람에게 ( )를 주지요.

3 몸이 아픈 친구를 위해 자리를 ( )했어요.

여럿이 함께 쓰는 곳, 공공장소

지구 환경 보호하기

지구가 더러워졌어요, 환경 오염

지구는 우주에서 가장 아름답게 빛나는 푸른 별이에요. 우리는 지구에서 산, 강, 바다, 식물, 동물과 더불어 살아간답니다.

하지만 조금 더 편하게 살고 싶은 마음 때문에 지구를 둘러싸고[環] 있는 곳곳[境]을 망가뜨리고 더럽게[汚] 물들이기[染] 시작했어요. 이것을 환경 오염이라고 해요.

환경 오염

環 境 汚 染
둘러쌀 환 장소 경 더러울 오 물들일 염

붕붕 자동차는 원하는 곳까지 데려다 줘 편리하지만, 이산화탄소라는 나쁜 연기가 나와 공기를 오염시키지요. 이산화탄소는 지구를 둘둘 감싸 지구를 점점 뜨겁게[溫暖] 만든[化]답니다.

온난화

溫暖化
따뜻할 온 따뜻할 난 될 화

온난화로 어떤 곳은 갑자기 많은 비가 내려 집이 물에 잠기기도 하고 어떤 곳은 비가 전혀 오지 않아 마실 물조차 없답니다. 또 공장에서는 더러워진 물을 그대로 강으로 흘려보내 물고기가 떼죽음을 당하기도 해요.

더러워진 땅과 물, 공기는 더는 우리에게 이로움을 주지 않고 도리어 공해를 주고 있어요. 공해는 매연, 폐수, 쓰레기 등 우리에게 돌아오는 여러[公] 가지 피해[害]를 말해요.

공해

公害
여럿 공 피해 해

지구가 더러워졌어요, **환경 오염**

자연 보호
自然保護
스스로 자 그러할 연 지킬 보 돌볼 호

환경 오염으로 아파하는 지구를 살리는 방법은 없을까요? 우리 지구를 살릴 좋은 방법은 자연 보호뿐이에요. 자연 보호는 자연[自然]을 아프지 않게 지키고[保] 돌보는[護] 것이지요.

재활용
再活用
다시 재 살 활 쓸 용

자연 보호는 생활 속 작은 것부터 실천하는 자세가 중요하답니다. 쓰레기를 버릴 땐 먼저 재활용할 수 있는 물건을 따로 담아야지요. 재활용은 버릴 물건을 다시[再] 다른 물건으로 살려[活] 쓰는[用] 것이에요. 재활용하면 그만큼 자원을 절약할 수 있답니다.

✏️ 한자의 음을 □ 안에 써넣어 더 많은 단어를 알아보아요.

재[再] 다시

1 다 쓴 식용유로 □생 비누를 만들어 쓸 수 있어요.

2 헤어졌다 다시 만나는 것을 □회 라고 해요.

활[活] 살다

1 살아 움직이는 힘을 □력이라고 해요.

2 없어졌던 학급 회의가 부□하였어요.

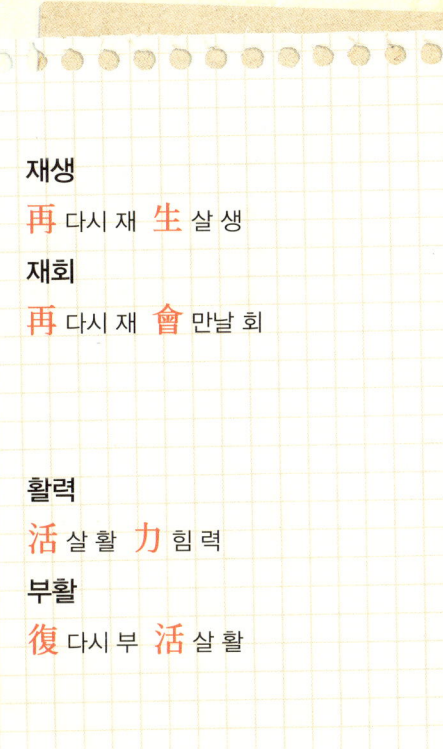

재생
再 다시 재 生 살 생

재회
再 다시 재 會 만날 회

활력
活 살 활 力 힘 력

부활
復 다시 부 活 살 활

콕콕! 단어 확인!

✏️ 다음 ( ) 안에 들어갈 알맞은 단어를 보기에서 골라 써 보세요.

| 보기 | 재활용 | 온난화 | 환경 오염 |

1 지구의 곳곳이 망가지고 더러워지는 것을 (   )이라고 해요.

2 지구 (   ) 때문에 이상한 날씨가 자주 나타나요.

3 다 사용한 식용유는 비누로 (   )할 수 있어요.

우리나라를 대표하는 것

우리가 사는 나라, 대한민국

대한민국

大 韓 民 國
큰 대 나라 이름 한 사람 민 나라 국

중국, 일본, 미국처럼 모든 나라는 이름이 있어요. 우리나라도 '대한민국'이라는 예쁜 이름이 있답니다. 줄여서 '한국'으로 부르기도 하지요. 대한민국은 위대한[大] 한[韓]나라 사람[民]이 사는 나라[國]라는 뜻이에요.

108 바른 생활

만국기에는 세계 여러 나라의 깃발이 나부낍니다. 혹시 우리나라 깃발을 찾아본 적 있나요? 우리나라를 대표하는 깃발은 태극기예요. 태극기는 파란색과 빨간색이 어우러지는 태극[太極] 모양이 있는 깃발[旗]이에요. 태극 모양은 우주의 시작점이라는 뜻으로 우리나라의 여러 물건에 두루 쓰이지요.

태극기
太極旗
클 태　다할 극　깃발 기

우리나라를 대표하는 노래는 애국가입니다. 애국가는 1936년 안익태 선생님께서 우리나라[國]를 사랑하는[愛] 마음으로 짓고 부르신 노래[歌]예요. 애국가를 부르면 나라[國]를 사랑하는[愛] 마음[心]이 점점 깊어진답니다.

애국가
愛國歌
사랑할 애　나라 국　노래 가

애국심
愛國心
사랑할 애　나라 국　마음 심

우리가 사는 나라, 대한민국

무궁화

無 窮 花
없을 무 끝 궁 꽃 화

벚꽃은 일본을 대표하는 꽃이고 장미는 영국을 대표하는 꽃이지요? 우리나라를 대표하는 꽃은 무궁화예요. 무궁화는 오랫동안 끝[窮]도 없이[無] 피고 지지 않는 꽃[花]이라 무궁화라는 이름이 붙었대요.

무궁화

한반도

韓 半 島
나라 이름 한 절반 반 섬 도

우리나라를 지도에서 보면 세 면만 바다로 둘러싸여 있지요. 이렇게 절반만 섬인 곳을 반도라고 해요. 우리나라는 한[韓]나라 사람이 사는 반도[半島]라 한반도라고 부르기도 해요.

한자, 꼬리에 꼬리를 물고

 한자의 음을 □ 안에 써넣어 더 많은 단어를 알아보아요.

한 [韓] 나라 이름

□ 복

□ 옥

한복
韓 나라 이름 한 服 옷 복
한옥
韓 나라 이름 한 屋 집 옥

국 [國] 나라

□ 보

□ 경 일

국보
國 나라 국 寶 보물 보
국경일
國 나라 국 慶 기쁜 일 경 日 날 일

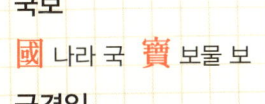 단어 확인!

✎ 다음 (   ) 안에 알맞은 단어를 써 보세요.

1 (   )를 흔들며 우리나라 축구 대표 팀을 응원했어요.

2 우리나라를 대표하는 노래는 (   )예요.

3 우리나라를 대표하는 꽃은 (   )예요.

사람이 다니는 길, **인도**   114

표시를 적은 판자, **표지판**   118

한집에 사는 한 핏줄, **가족**   122

사람의 몸, **신체**   126

병을 고치는 집, **병원**   130

이가 아프면 **치과**에 가요   134

소리로 진찰해요, **청진기**   138

가을걷이, **추수**   142

다양한 길의 종류

사람이 다니는 길, 인도

길은 사람들이 정한 이름을 가지고 있어요. 바로 '차도', '인도', '횡단보도'랍니다. 이 길들은 각각 어떤 특징이 있는지 한번 살펴볼까요?

차도
車 道
자동차 차 길 도

차도는 자동차[車]가 다니는 길[道]을 말해요. 차(車)는 '자동차'를 뜻하고, 도(道)는 '길'이란 뜻이지요. 차도에는 승용차, 버스, 오토바이 등이 씽씽 달리기 때문에 사람이 다니면 부딪혀 큰 사고가 날 수 있어요.

사람[人]이 다니는 길[道]을 인도라고 한답니다. 인도는 사람들이 다니는 길이지만 가끔 오토바이가 다니기도 하니 조심!

차도 가운데 하얀색으로 가로줄이 쳐진 곳을 횡단보도라고 해요. 횡단보도는 차가 다니는 길을 가로[橫]로 끊어서[斷] 사람들이 걸어[步] 다닐 수 있게 만든 길[道]을 말해요. 횡단보도를 건널 때는 꼭 녹색 불이 켜져 있는지 확인해야 한답니다.

인도

人 道
사람 인 길 도

횡단보도

橫 斷 步 道
가로 횡 끊을 단 걸음 보 길 도

사람이 다니는 길, 인도

도로
道 路
길 도 길 로

도로는 사람이나 차가 잘 다닐 수 있게 만든 넓은 길[道路]을 말해요. 도로는 차가 빨리 달리는 고속 도로, 자전거만 다니는 자전거 도로 등이 있어요.

교통
交 通
서로 교 통할 통

텔레비전이나 라디오에서 '교통'이라는 말을 종종 듣곤 하지요? 교통이란 사람들이 자동차나 기차, 배나 비행기 등을 타고 서로[交] 오가는[通] 일을 말해요. '교통이 좋다.'라는 말은 서로 오가기 편하다는 뜻이고, '교통사고'는 자동차나 사람들이 서로 오가다 부딪혀 다치는 일을 뜻해요.

한자, 꼬리에 꼬리를 물고

✏️ 한자의 음을 ☐ 안에 써넣어 더 많은 단어를 알아보아요.

통[通] 통하다

☐행

☐화

통행
通 통할 통 行 다닐 행

통화
通 통할 통 話 말 화

로[路] 길

가☐등

등산☐

가로등
街 거리 가 路 길 로 燈 등 등

등산로
登 오를 등 山 산 산 路 길 로

콕콕! 단어 확인!

 다음 그림이 가리키는 곳의 이름을 써 보세요.

힌트
차가 다니는 길을 가로로 끊어서 사람들이 걸어 다닐 수 있게 만든 길이지요.

(　　　　　)

사람이 다니는 길, 인도

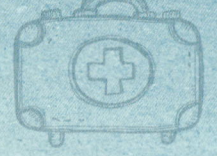

다양한 교통 표지판

표시를 적은 판자, 표지판

표 지 판

標 識 板
표시 표 적을 지 판자 판

도로 곳곳에는 사람들이 쉽게 알아볼 수 있도록 교통안전 표지판이 세워져 있지요. 표지판은 사람들에게 사실이나 정보를 일일이 말하지 않아도 표시[標]만 보고도 알 수 있도록 적어[識] 세워 놓은 판자[板]예요.

도로에 세워져 있는 교통안전 표지판은 주로 도로에서 지켜야 하는 규칙이나 법을 적어 놓았어요. 예를 들어 다음과 같은 표지판을 볼 수 있어요.

첫째, 주의 표지판!
노란 바탕에 빨간 테두리를 두른 표지판은 '주의하세요.'라는 뜻이에요. 옆의 표지판은 도로에서 공사가 한창이니 조심하라는 뜻이에요.

둘째, 금지 표지판!
금지 표지판은 가운데 빨간 빗금을 그어 '하지 마세요.'라는 뜻을 나타낸답니다. 옆의 그림은 인도가 아니니 걸어 다니지 말라는 뜻이에요.

셋째, 지시 표지판!
파란 바탕에 흰색 그림이 있는 표지판은 '이렇게 하세요.'라는 뜻이에요. 옆의 표지판은 횡단보도가 있으니 건너도 괜찮다는 뜻이랍니다.

표시를 적은 판자, **표지판**

신호등

信 號 燈
신호 신 신호 호 등 등

횡단보도가 있다고 무작정 길을 건너면 안 돼요. 길을 건널 때는 신호등을 보고 건너야 한답니다. 신호등은 길을 건너야 할지, 말아야 할지를 신호[信號]로 알려 주는 등[燈]이에요.

신호등은 세 가지 색깔이 있어요. 빨간색 신호등은 자동차나 사람이 지나가니 '멈추세요.'라는 뜻이고 녹색 신호등은 자동차나 사람이 멈춰 섰으니 '움직이세요.'라는 뜻이랍니다. 노란색 신호등은 자동차가 보는 신호등에만 달려 있어요. 이 등은 다른 색깔 전등으로 바뀔 것이니 '준비하세요.'라는 뜻이에요.

한자, 꼬리에 꼬리를 물고

✏️ 한자의 음을 ☐ 안에 써넣어 더 많은 단어를 알아보아요.

신[信] 믿다

1. 굳게 믿는 것을 확☐이라고 해요.
2. 자신을 스스로 믿는 마음을 자☐감이라고 해요.

호[號] 부호, 부르다

1. 차례를 나타내는 숫자를 번☐라고 해요.
2. 큰 소리로 부르짖으며 명령하는 것을 ☐령이라고 해요.

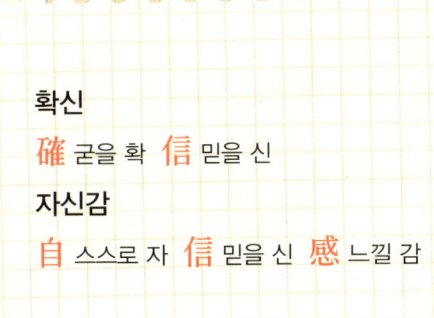

확신
確 굳을 확 信 믿을 신
자신감
自 스스로 자 信 믿을 신 感 느낄 감

번호
番 차례 번 號 부호 호
호령
號 부를 호 令 명령 령

콕! 콕! 단어 확인!

✏️ 다음 ( ) 안에 알맞은 단어를 써 보세요.

1. 정보를 표시하고 적은 판자를 ( )이라고 해요.
2. 신호를 알려 주는 등은 ( )이에요.

✏️ 다음 표지판은 어떤 말을 알려 주는지 써 보세요.

( )

표시를 적은 판자, **표지판**

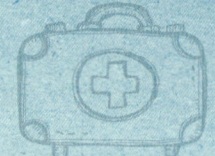

한지붕 가족

한집에 사는 한 핏줄, 가족

가족

家 族
집 가 겨레 족

아빠, 엄마, 누나, 동생은 나와 같은 집에 사는 한가족이랍니다. 가족은 한집[家]에 사는 한 핏줄[族]인 사람들이에요. 족(族)은 '겨레, 핏줄을 나눈 사람들'을 뜻해요.

그렇지만 요즘 바쁘게 살다 보니 한가족이 같이 살지 않을 수도 있고 또 한 핏줄은 아니지만, 함께 사는 가족들도 있어요. 이들은 서로 마음을 나눴으니 가족이랍니다.

가족이 몇 명인지 이야기할 때 식구라는 말을 쓰지요? 식구는 밥 먹는[食] 입[口]을 뜻해요. 한집에서 밥 먹는 입의 개수만 헤아려도 몇 명이 사는지 금방 알 수 있어요.

식구
食 口
먹을 식 입 구

가족과 비슷한 단어로 가정이라는 단어가 있어요. 가정은 한가족[家]이 모여 사는 공간[庭], 가족의 테두리를 뜻하지요. 가족은 가정을 이루는 사람들을 말하고요. 가정과 가족은 비슷하지만, 뜻이 조금 다르답니다.

가정
家 庭
집 가 공간 정

한집에 사는 한 핏줄, 가족

우리 가족을 한자로 어떻게 나타내는지 알아보아요.

할아버지 조부(祖父)
할머니 조모(祖母)
아버지 부(父)
어머니 모(母)
남동생 제(弟)
형 형(兄)
언니 자(姉)
여동생 매(妹)

쩝~ 맛있겠다!

친척
親 戚
친가 **친**　외가 **척**

부모는 같지 않지만 한 핏줄인 사람들이 있어요. 이들을 친척이라고 한답니다. 친척은 아버지 쪽 가족인 친가[親]와 어머니 쪽 가족인 외가[戚]를 두루 아우르는 말이에요. 친척에는 큰아버지, 작은아버지, 고모, 이모, 외삼촌 등이 있어요.

124　슬기로운 생활

한자, 꼬리에 꼬리를 물고

✏️ 한자의 음을 ☐ 안에 써넣어 더 많은 단어를 알아보아요.

가 [家] 집

☐ 축

☐ 전제품

정 [庭] 뜰, 집

☐ 원

원고석 법 ☐ 피고석

가축
家 집 가　畜 짐승 축

가전제품
家 집 가　電 전기 전
製 만들 제　品 물건 품

정원
庭 뜰 정　園 동산 원

법정
法 법 법　庭 집 정

콕! 콕! 단어 확인!

✏️ 다음 ( ) 안에 들어갈 알맞은 단어를 보기에서 골라 써 보세요.

● 보기　　가족　　　친척

1. 한집에 사는 한 핏줄인 사람을 ( )이라고 해요.

2. 친가와 외가 사람들을 ( )이라고 해요.

소중한 나의 몸

사람의 몸, 신체

신체

身 體
몸 신　몸 체

몸을 다른 말로 신체라고 해요. 그런데 신체라는 말은 **사람의 몸[身體]**일 때만 사용해요. 귀여운 강아지도 몸이 있지만, 동물의 몸은 신체라고 말하지 않는답니다.

우리 신체는 어떻게 이루어져 있을까요? 우리 몸은 허리를 기준으로 반으로 나누어 생각할 수 있어요. 그것을 반신이라고 한답니다. 몸[身]의 절반[半]이라는 뜻이지요.

반신

半 身
절반 반 몸 신

몸[身]의 절반[半] 중 허리 윗부분[上]을 상반신이라 하고 몸[身]의 절반[半] 중 허리 아랫부분[下]을 하반신이라고 한답니다. 상반신에는 머리, 팔, 가슴이 있고 하반신에는 다리가 있어요.

상반신

上 半 身
위 상 절반 반 몸 신

하반신

下 半 身
아래 하 절반 반 몸 신

사람의 몸, 신체

이목구비

耳 目 口 鼻
귀이 눈목 입구 코비

우리 얼굴 모습을 결정하는 4형제가 있어요. 그것은 바로 이! 목! 구! 비! 이(耳)는 귀, 목(目)은 눈, 구(口)는 입, 비(鼻)는 코를 뜻하지요. 그러니까 이목구비는 귀[耳], 눈[目], 입[口], 코[鼻]로 이루어진 얼굴 생김새를 말한답니다. 아무리 얼굴이 똑같이 생긴 쌍둥이라도 자세히 보면 이목구비가 조금씩 다르답니다.

심신

心 身
마음심 몸신

우리 몸은 부모님께서 물려주신 소중한 것이랍니다. '건강한 신체에 건강한 정신'이라는 말처럼 나의 몸을 소중히 하여 심신을 아름답게 키워야 해요. 심신은 마음[心]과 몸[身]을 뜻해요. 심(心)은 '마음'이라는 뜻으로, 진심, 결심, 욕심 등에도 쓰이지요.

한자, 꼬리에 꼬리를 물고

 한자의 음을 □ 안에 써넣어 더 많은 단어를 알아보아요.

신 [身] 몸

장 □

변 □

체 [體] 몸

□ 중

□ 육

장신
長 길 장 身 몸 신

변신
變 변할 변 身 몸 신

체중
體 몸 체 重 무게 중

체육
體 몸 체 育 기를 육

콕콕! 단어 확인!

다음 ( ) 안에 알맞은 단어를 써 보세요.

1 내 몸을 다른 말로 (   )라고 해요.

2 귀·눈·입·코를 (   )라고 해요. 얼굴 생김새를 뜻하지요.

3 몸과 마음을 (   )이라고 해요.

사람의 몸, 신체

아프면 가는 병원

병을 고치는 집, 병원

병원
病 院
병병 집원

사람들은 아프면 병원에 가지요. 병원은 병[病]을 고치는 집[院]이에요. 병원에 가면 의사 선생님께서 우리가 아픈 곳을 잘 치료해 준답니다.

병[患]에 걸려 몸이 아픈 사람[者]을 환자라고 해요. 환자는 병에 걸려서 늘 얼굴에 걱정과 근심이 가득하지요.

환자의 근심을 덜어 주고 병을 치료해[醫] 주는 사람[師]이 의사랍니다. 의사는 밤낮없이 늘 아픈 사람을 치료하지요. 아마 의사가 없으면 몸이 아파서 괴로운 사람들이 아주 많을 거예요.

간호사는 의사 선생님 옆에서 함께 환자를 돌보고[看] 보살피는[護] 사람[師]이에요. 사람들은 간호사를 '흰옷 입은 천사'라고 부른답니다. 아픈 사람이 불편하지 않게 항상 돌보아 주는 간호사는 정말 천사 같아요!

환자
患 者
병 환　사람 자

의사
醫 師
치료할 의　사람 사

간호사
看 護 師
돌볼 간　보살필 호　사람 사

응급실

應 急 室
응할 응 급할 급 방 실

한밤중에 갑자기 아프면 응급실로 가야 해요. 응급실은 위급[急]한 상황에 대응하여[應] 임시로 치료하는 방[室]입니다. 위급한 환자가 왔을 때 환자가 위험해지지 않도록 간단히 치료해 주지요.

구급차

救 急 車
구할 구 급할 급 자동차 차

갑자기 아프거나 위험한 상황에 빠지면 119나 가까운 병원에 전화해야 해요. 그러면 삐뽀삐뽀 소리를 내며 구급차가 달려온답니다. 구급차는 위급[急]한 환자를 구하는[救] 차[車]로 아주 빨리 환자를 병원에 데려다 주지요.

한자, 꼬리에 꼬리를 물고

 한자의 음을 □ 안에 써넣어 더 많은 단어를 알아보아요.

간[看] 보다, 돌보다

□판

□병

간판
看 볼 간   板 널빤지 판

간병
看 돌볼 간   病 병 병

호[護] 지키다

자연 보□

변□사

자연 보호
自 스스로 자   然 그러할 연
保 지킬 보   護 돌볼 호

변호사
辯 말할 변   護 지킬 호   士 사람 사

콕콕! 단어 확인!

 다음 (   ) 안에 들어갈 알맞은 단어를 보기에서 골라 써 보세요.

보기   응급실   구급차

1. 한밤중에 갑자기 아프면 (   )에 가요.

2. (   )는 위급한 환자를 구하는 차예요.

병원의 종류

이가 아프면 **치과**에 가요

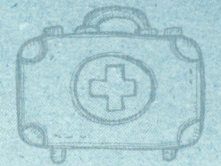

병원은 치료를 맡은 신체 부위 뒤에 '과'라는 말이 붙어요. 과(科)는 '과목'이라는 뜻으로, 큰 덩어리의 한 '부분'이라고 생각하면 돼요. 예를 들어 교과서도 국어 과목, 수학 과목, 슬기로운 생활 과목 등으로 나누어지죠? 그것처럼 병원도 아픈 부위에 따라 치과, 안과, 내과 등으로 나누어져요.

첫 번째로 치과를 방문해 봐요. 치과는 이[齒] 부분[科]이 아프면 가는 병원이랍니다. 징~징 소리도 나고 이상한 도구도 있어서 가장 무서워하는 곳일 거예요. 하지만 치과는 썩은 이를 치료하고 삐뚤삐뚤한 이를 바르게 교정하는 고마운 곳이랍니다.

치과
齒 科
이 치 과목 과

두 번째로 방문할 곳은 안과예요. 안과는 눈[眼] 부분[科]이 아프면 가는 병원이지요. 수영장에 다녀와서 눈병이 났을 때나, 눈이 나빠져서 글씨가 잘 안 보일 때 가서 치료받는 곳이에요.

안과
眼 科
눈 안 과목 과

세 번째로 방문할 곳은 외과예요. 외과는 우리 몸의 바깥[外] 부분[科]이 상처가 나거나 수술이 필요하면 가는 병원이에요. 못에 찔리거나 다리가 부러지면 수술을 해서 치료하지요.

외과
外 科
바깥 외 과목 과

내과

內 科
안 내 / 과목 과

네 번째로 방문할 곳은 내과예요. 내과는 우리 몸의 안[內] 부분[科]이 탈이 나면 가는 병원이에요. 콜록콜록 감기에 걸리거나 배가 살살 아프면 내과로 가야 해요. 내과에서는 수술하지 않고 주사와 약으로 치료한답니다.

이비인후과

耳 鼻 咽 喉 科
귀이 코비 목인 목후 과목과

다섯 번째로 방문할 곳은 이비인후과예요. 이비인후과는 귀[耳], 코[鼻], 목[咽喉] 부분[科]이 아프면 가는 병원이랍니다. 물이나 음식을 먹다가 잘못하면 코로 나오지요? 왜냐하면 귀, 코, 목은 서로 연결되어 있기 때문이에요. 그래서 이 세 부분은 한곳에서 치료한답니다.

한자, 꼬리에 꼬리를 물고

 한자의 음을 ☐ 안에 써넣어 더 많은 단어를 알아보아요.

외 [外] 바깥

해 ☐

☐ 투

해외
海 바다 해　外 바깥 외

외투
外 바깥 외　套 덮개 투

내 [內] 안

☐ 의

☐ 복약

내의
內 안 내　衣 옷 의

내복약
內 안 내　服 먹을 복　藥 약 약

콕콕! 단어 확인!

 다음 (　) 안에 알맞은 단어를 써 보세요.

1 이가 썩어서 아프면 (　　　)에 가요.

2 야구를 하다가 다리를 다치면 (　　　)에 가요.

3 목이 아프면 (　　　)에 가요.

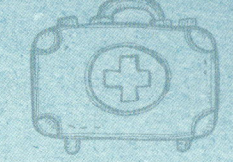

병원에서 사용하는 물건

소리로 진찰해요, 청진기

청진기

聽 診 器
들을 청 볼 진 도구 기

의사 선생님은 항상 청진기를 목에 걸고 있지요? 청진기는 심장 소리를 듣고[聽] 병을 진찰하는[診] 기구[器]예요. 그래서 아픈 사람들이 올 때마다 먼저 청진기로 가슴 구석구석을 살피신답니다. 왜냐하면 심장 소리를 들어야 심장이 쿵쾅쿵쾅 뛰는지 알 수 있기 때문이죠!

의사 선생님은 체온계로 환자의 건강을 검사한답니다. 체온계는 우리 몸[體]의 따뜻한[溫] 정도를 재는[計] 기구지요. 우리 몸은 항상 36.5도를 유지해요. 하지만 몸이 아프면 체온이 올라갔다 내려갔다 하면서 이상 신호를 보낸답니다.

체온계

體 溫 計
몸 체 따뜻할 온 셀 계

상처가 나면 바로 반창고를 붙이나요? 그러면 세균이 들어가 상처가 덧날 수도 있어요. 상처가 나면 가장 먼저 소독부터 해야 한답니다. 소독이란 상처 난 곳에 있는 해로운 균의 독[毒]을 없애는[消] 일이에요.

소독

消 毒
없앨 소 독 독

소독약

消毒藥
사라질 소 · 독 독 · 약 약

소독[消毒]하기 위해 쓰는 약[藥]을 소독약이라고 하지요. 상처 난 부위를 소독할 때는 주로 알코올을 사용하지만, 그릇이나 젖병을 소독할 때는 팔팔 끓는 물에 삶아야 해요.

주사기

注射器
부을 주 · 쏠 사 · 도구 기

병원에 가면 무서운 주사기가 있어요. 주사기는 뾰족한 침으로 약물을 몸속에 쏘아[射] 넣는[注] 기구[器]예요. 뾰족한 침은 무섭지만, 주사를 맞으면 아픈 몸이 씻은 듯이 나을 때가 많답니다.

한자, 꼬리에 꼬리를 물고

✏️ 한자의 음을 ☐ 안에 써넣어 더 많은 단어를 알아보아요.

온 [溫] 따뜻하다

☐도계

☐천

온도계
溫 따뜻할 온　度 정도 도　計 셀 계

온천
溫 따뜻할 온　泉 샘 천

소 [消] 없애다

☐화기

☐방관

소화기
消 없앨 소　火 불 화　器 도구 기

소방관
消 없앨 소　防 막을 방　官 벼슬 관

콕콕! 단어 확인!

✏️ 다음 설명의 알맞은 단어에 ○ 해 보세요.

1 뾰족하고 길쭉한 침으로 약물을 몸속에 쏘아 넣는 기구를 (주사기, 청진기) 라고 해요.

2 (체온계, 소독약)은(는) 상처가 난 곳의 독을 없애는 약이에요.

소리로 진찰해요, 청진기　141

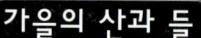

가을의 산과 들

가을걷이, 추수

추 수

秋 收
가을 추 거둘 수

싱그러운 봄을 보내고 아주 뜨거운 여름이 지나면 드디어 시원한 가을바람이 불기 시작하지요. 가을이 되면 여름내 따가운 햇볕을 견딘 벼가 노랗게 익어 들판을 황금색으로 물들여요.

그러면 낟알이 실해진 벼를 추수해야 한답니다. 추수는 가을[秋]에 익은 곡식을 거두는[收] 일, 가을걷이를 말해요. 농촌에서는 추수를 한 해 농사 중 가장 중요한 일로 손꼽지요.

추수와 비슷한 단어로 수확이라는 말도 있어요. 수(收)는 '거두다'라는 말이고 확(穫)은 '벼를 베다'라는 뜻입니다. 벼를 베어[穫] 거두는[收] 일이 수확이지요.

수확

收 穫
거둘 수 벼 벨 확

가을이 되면 사과나무에는 사과가 주렁주렁 열리고 감나무에는 감이 탐스럽게 매달려 있지요. 이렇게 열매[實]를 맺는[結] 것을 결실이라고 해요. 결실이라는 말은 꼭 과일에만 쓰지 않아요. 열심히 노력해서 이루어낸 성과도 결실이라고 말한답니다.

결실

結 實
맺을 결 열매 실

가을걷이, 추수

단풍

丹 楓
붉을 단　단풍나무 풍

가을 산은 울긋불긋 단풍이 들어 정말 아름다워요. 단풍은 잎이 붉게[丹] 물든 나무[楓]와 그 잎을 말해요. 가을이 되어 햇볕을 쬐는 시간이 줄어들고 기온이 낮아지면 초록색 나뭇잎은 점점 붉게 변해요. 어떤 나무는 노란색, 갈색으로도 변하지요.

낙엽

落 葉
떨어질 락　잎 엽

가을은 겨울을 준비하는 계절이기도 하지요. 나무들은 적은 영양분으로 추운 겨울을 견디기 위해 가을바람이 불면 나뭇잎을 떨어뜨리기 시작해요. 떨어진[落] 나뭇잎[葉]을 낙엽이라고 하지요. 나뭇잎이 떨어진 나무는 앙상한 나뭇가지로 추운 겨울을 견디며 다시 따뜻해지는 봄을 기다리지요.

한자, 꼬리에 꼬리를 물고

✏️ 한자의 음을 ☐ 안에 써넣어 더 많은 단어를 알아보아요.

결 [結] 맺다

1. 원인이 있으면 ☐과가 있어요.
2. 서로 이어 맺는 것을 연☐이라고 해요.

실 [實] 열매, 사실

1. 먹을 수 있는 나무의 열매를 과☐이라고 해요.
2. 거짓이 없는 참된 사실을 진☐이라고 해요.

결과
結 맺을 결 果 열매 과
연결
連 이을 련 結 맺을 결

과실
果 열매 과 實 열매 실
진실
眞 참 진 實 사실 실

콕콕! 단어 확인!

✏️ 다음 단어와 사진을 바르게 연결해 보세요.

낙엽

추수

콕! 찍어 주는 즐거운 생활 속 한자어 (통합)

소리로 말해요, **음악** 148

소리를 적은 것, **악보** 152

얼굴을 그려요, **초상화** 156

저절로 그러한 것, **자연** 160

우리 몸을 튼튼히, **운동** 164

함께 운동하는 날, **운동회** 168

가을 저녁 둥근 달, **추석** 172

야호! 신 나는 **방학** 176

다양한 악기와 연주
소리로 말해요, 음악

음악

音 樂
소리 음 악기 악

사람의 목소리[音]나 악기[樂]를 가지고 소리를 내어 여러 가지 감정을 나타내는 것을 음악이라 해요. 세상에는 다양한 음악이 있답니다.

음악[樂]을 할 때 소리를 내는 도구[器]를 악기라고 해요. 바이올린, 첼로, 피아노, 가야금, 대금, 장구 등 아름다운 소리의 악기가 있지요. 사람의 목소리도 하나의 악기라고 할 수 있어요.

악기
樂 器
음악 악 도구 기

악기가 참 다양하구나!
악기는 연주 방법에 따라 관악기, 현악기, 타악기가 있어요. 관악기는 피리처럼 입으로 불어 소리를 내는 악기를 말하고 현악기는 줄을 타서 소리를 내는 악기를 말해요. 타악기는 악기를 두들겨 둥둥 소리를 내는 악기를 말하지요.

악기로 곡[奏]을 펼쳐[演] 내는 일을 연주라고 해요. 쿵 짝짝! 탬버린을 마음대로 두들기는 것은 연주가 아니에요. 연주는 악기를 다루어 곡의 박자와 빠르기에 맞게 표현하는 것이지요.

연주
演 奏
펼 연 곡 주

소리로 말해요, 음악

독주
獨 奏
홀로 독 연주할 주

합주
合 奏
합할 합 연주할 주

한 사람이 혼자[獨] 악기를 연주하는[奏] 것을 독주라고 해요. 하지만 여러 사람이 모여[合] 연주하는[奏] 것은 합주라고 해요. 합주에는 '리코더 합주', '기타 합주' 등이 있지요.

감상
鑑 賞
살펴볼 감 즐길 상

다른 사람이 연주하면 우리는 감상을 해요. 예술 작품을 살펴보고[鑑] 즐기는[賞] 일을 감상이라고 하지요. 감상은 음악뿐만 아니라 미술, 연극 등 다양한 예술 작품을 깊이 느끼고 즐기는 일을 말해요.

한자, 꼬리에 꼬리를 물고

✏️ 한자의 음을 ☐ 안에 써넣어 더 많은 단어를 알아보아요.

음[音] 소리

화음
和 어울릴 화 音 소리 음

장음
長 길 장 音 소리 음

악[樂] 음악

성악
聲 소리 성 樂 음악 악

농악
農 농사 농 樂 음악 악

✏️ 다음 ( ) 안에 들어갈 알맞은 단어를 보기에서 골라 써 보세요.

| 보기 | 음악 | 감상 | 악기 |

수업 시간에 재활용품을 가지고 소리가 나는 (　　　)를 만들었다.

여러 소리가 어울려 아주 훌륭한 (　　　)이 되었다. 선생님께서는 우리들의 연주를 (　　　)하시고 큰 박수를 보내 주셨다.

악보 구경하기

소리를 적은 것, 악보

악보

樂 譜
음악 악　적을 보

악기를 연주하려면 악보가 있어야 해요. 악보는 음악[樂]의 가락을 적어[譜] 나타낸 것을 말해요. 악보만 있으면 누구나 같은 곡을 똑같이 연주할 수 있어요.

악보는 다섯[五] 줄[線]이 그어진 종이[紙]에 그려진답니다. 이 종이를 오선지라고 하지요. 음표들은 다섯 개의 줄 위를 오르락내리락 하며 음악을 만든답니다.

음표는 언뜻 보면 콩나물처럼 생겼지요? 동그란 머리에 빼빼 마른 몸…. 음표는 소리[音]를 얼마나 길게 낼지 나타내는 표시[標]랍니다. 음표의 모양에 따라 어떤 것은 소리를 길게 내고 어떤 것은 소리를 짧게 내지요.

오선지

五 線 紙
다섯 오 줄 선 종이 지

음표

音 標
소리 음 표시 표

소리를 적은 것, 악보

박자

拍 子
칠 박 어조사 자

악보의 맨 처음에 $\frac{4}{4}$라는 숫자가 있지요? 이것을 박자라고 해요. 박자는 음악을 빠르게도 하고 느리게도 하지요. 원래 박자는 손뼉을 치듯[拍] 소리를 내어 음악의 빠르기를 이끌어 가는 '박'이라는 악기[子]를 말해요. 이때부터 음악에서 소리의 빠르기를 박자라고 부르기 시작했답니다.

음계

音 階
소리 음 계단 계

음표는 소리의 길이를 나타내지만, 오선지 어디쯤 그려지느냐에 따라 소리의 높낮이가 달라져요. 이렇게 소리[音]를 오선지 위에 계단[階]처럼 늘어놓은 것을 음계라고 하지요. 우리나라는 소리가 다섯 단계라 5음계이고 서양은 소리가 일곱 단계라 7음계지요.

한자, 꼬리에 꼬리를 물고

 한자의 음을 □ 안에 써넣어 더 많은 단어를 알아보아요.

박[拍] 치다

□수

□장대소

박수
拍 칠 박　手 손 수
박장대소
拍 칠 박　掌 손바닥 장
大 큰 대　笑 웃을 소

계[階] 계단

□단

□명

계단
階 계단 계　段 구분 단
계명
階 계단 계　名 이름 명

콕! 콕! 단어 확인!

 다음 (　) 안에 알맞은 단어를 써 보세요.

1 (　　　)는 음악의 가락을 알기 쉽게 적은 종이를 말해요.

2 (　　　)는 다섯 개의 줄이 그어진 종이지요.

3 소리를 악보 위에 계단처럼 늘어놓은 것을 (　　　)라고 해요.

소리를 적은 것, 악보

다양한 그림의 종류

얼굴을 그려요, 초상화

선이나 색을 이용해서 사물의 모양과 느낌을 그려 놓은 것을 그림이라고 해요. 그림은 사물을 그대로 그리기도 하고 보이는 모습과 다르게 내 생각대로 그릴 수도 있지요.

그림[畫]을 그리는 것이 직업인 사람[家]을 화가라고 해요. 우리가 아는 화가는 누가 있나요? 김홍도, 고흐, 고갱 등 유명한 화가가 너무 많지요?

화가
畫 家
그림 화 사람 가

그림은 어디에든 그릴 수 있지만 주로 종이에 그려요. 그림[圖]을 그리는[畫] 데 쓰는 종이[紙]를 도화지라고 한답니다. 아무것도 그려지지 않은 하얀 도화지 위에 연필로 밑그림을 쓱쓱 그리고 알록달록 예쁜 색을 입히지요.

도화지
圖 畫 紙
그림 도 그림 화 종이 지

그림은 무엇을 그리느냐에 따라 종류가 달라요. 사람의 모습[像]을 보고 닮게[肖] 그리는 그림[畫]을 초상화라 하지요.

초상화
肖 像 畫
닮을 초 모양 상 그림 화

예쁘게 그려 줘~

하얀 도화지엔 무엇이든 그릴 수 있지요!

엄마! 걱정하지 마세요.

헛!! 오징어야?

얼굴을 그려요, **초상화**

풍경화

風 景 畫
바람 풍 볕 경 그림 화

주위의 아름다운 경치[風景]를 그린 그림[畫]을 풍경화라 해요. 풍경화는 동네 골목을 그릴 수도 있고 집과 나무를 그릴 수도 있어요. 원래 풍경은 '바람과 볕'이라는 뜻으로 아름다운 자연의 모습을 나타내는 말이에요.

미술

美 術
아름다울 미 재주 술

눈으로 보이는 아름다움[美]을 표현하는 예술[術]이 미술이에요. 미술은 그림뿐만 아니라 건축, 조각, 공예, 서예 등이 있지요. 우리 주위에는 다양한 미술이 곳곳에 숨어 있답니다.

한자, 꼬리에 꼬리를 물고

✏️ 한자의 음을 ☐ 안에 써넣어 더 많은 단어를 알아보아요.

미 [美] 아름답다

1. 아름다운 사람을 ☐인이라고 해요.
2. 머리와 얼굴을 아름답게 해 주는 곳을 ☐용실이라 하지요.

술 [術] 재주

1. 부러진 다리를 의사 선생님께서 수☐해 주셨지요.
2. 태권도는 우리나라의 무☐이에요.

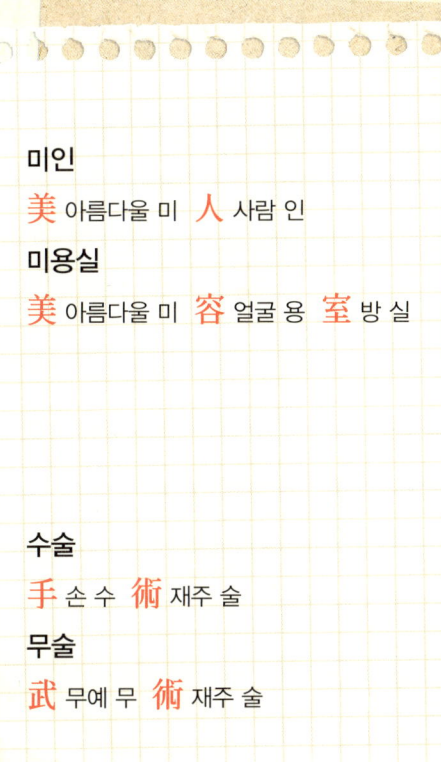

미인
美 아름다울 미　人 사람 인
미용실
美 아름다울 미　容 얼굴 용　室 방 실

수술
手 손 수　術 재주 술
무술
武 무예 무　術 재주 술

콕콕! 단어 확인!

✏️ 다음 ( ) 안에 들어갈 알맞은 단어를 보기에서 골라 써 보세요.

● 보기　　화가　　미술　　초상화

나는 그림 그리는 ( ) 시간이 제일 좋다. 특히 사람을 그리는 ( )가 가장 재미있다. 어른이 되면 그림 그리는 ( )가 되고 싶다.

얼굴을 그려요, 초상화　159

지구의 동물과 식물

저절로 그러한 것, 자연

우리 지구는 언제, 누가, 어떻게 만들었을까요? 어떤 사람들은 아주 오래전 큰 폭발이 일어나 지금의 지구가 만들어졌다고 하지만 아무도 확실히 알 수 없어요.

우리 조상은 지구에 있는 모든 동물과 식물이 스스로[自] 저절로 생겨났다[然]고 생각하셨어요. 그래서 자연이라는 예쁜 이름을 붙였지요.

자연

自 然
스스로 자 그러할 연

사람의 힘을 들이지 않고 저절로 생긴 것을 자연이라고 한다면, 그 반대인 사람[人]이 힘들여 만든[工] 것은 인공이라고 해요. 눈이 건조할 때 넣는 인공 눈물, 사막에 내리는 인공 비, 사람이 만들어 쏘아 올린 인공위성 등이 있지요.

인공
人 工
사람 인 만들 공

자연 가운데 움직이는[動] 모든 생물[物]을 동물이라 말해요. 땅 위를 뛰어다니는 짐승, 하늘을 훨훨 나는 새, 물속을 살랑살랑 누비는 물고기 등이 있어요. 동물원에서는 다양한 동물을 한 곳에서 볼 수 있답니다.

동물
動 物
움직일 동 생물 물

날지 못하는 새, 펭귄!
펭귄을 가만히 살펴보면 조그만 날개가 있어요. 옛날에는 그 날개로 하늘을 날며 먹이를 구했대요. 하지만 추운 날씨로 먹이 구하기가 어렵자 물속에서 먹이를 구했답니다. 이제 펭귄은 날지 못하고 물고기처럼 빠르게 헤엄을 칠 수 있어요.

식물
植 物
심을 식 / 생물 물

땅에 뿌리를 내린[植] 생물[物]을 식물이라고 해요. 우리가 먹는 채소와 과일, 아름다운 꽃과 나무들이 모두 식물이지요. 동물원처럼 다양한 식물을 모아 놓은 곳을 식물원이라고 해요.

희귀종
稀 貴 種
드물 희 / 귀할 귀 / 종류 종

주위에서 흔히 볼 수 없는 드물고[稀] 귀한[貴] 동물이나 식물의 종류[種]를 희귀종이라고 해요. 안경원숭이, 해마, 분홍 돌고래, 두루미, 요강꽃, 백원란, 반달가슴곰 등이 있지요. 이 희귀종들은 매년 그 숫자가 줄고 있어서 나라에서 법으로 정해 보호하고 있어요.

한자, 꼬리에 꼬리를 물고

한자의 음을 □ 안에 써넣어 더 많은 단어를 알아보아요.

동[動] 움직이다

1. 음악 시간에는 음악실로 자리를 이□하지요.
2. 자□문은 스스로 움직이는 문이에요.

식[植] 심다

1. 많은 식물을 모아 기르는 곳을 □물원이라고 해요.
2. 이곳에서 저곳으로 옮겨 심는 것을 이□이라고 해요.

이동
移 옮길 이 動 움직일 동

자동문
自 스스로 자 動 움직일 동 門 문 문

식물원
植 심을 식 物 생물 물 園 동산 원

이식
移 옮길 이 植 심을 식

콕콕! 단어 확인!

다음 ( ) 안에 알맞은 단어를 써 보세요.

1. 사람이 힘을 들여 만든 것을 ( )이라고 하지요.
2. 사자, 호랑이, 고래는 움직이는 ( )이에요.
3. 코스모스, 해바라기, 장미는 땅에 뿌리를 내린 ( )이지요.

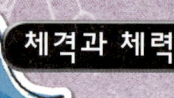

체격과 체력
우리 몸을 튼튼히, 운동

과체중

過 體 重
넘을 과 몸 체 무게 중

우와! 맛있는 음식을 먹으면 기분이 좋아져요. 하지만 너무 많은 음식을 먹고 움직이지 않으면 살이 찌고 과체중이 된답니다. 과체중은 정상을 훌쩍 넘는[過] 몸[體] 무게[重]를 말해요.

과체중인 친구들을 보면 키도 크고 덩치도 좋지요. 우리는 "와! 체격이 좋은데?"라고 감탄하기도 해요. 체격은 몸[體]의 크기[格]라는 뜻이랍니다.

체격
體 格
몸 체 크기 격

하지만 체격이 좋다고 꼭 힘이 센 것은 아니에요. 몸을 튼튼히 하고 건강하기 위해서는 운동을 꼭 해야지요. 운동은 몸을 이리저리 돌리거나[運] 움직이는[動] 일을 말해요. 영차영차 운동을 열심히 하면 몸도 건강해지고 힘도 길러진답니다. 운동해서 길러진 몸[體]의 힘[力]을 체력이라고 하지요.

운동
運 動
돌 운 움직일 동

체력
體 力
몸 체 힘 력

키 크는 데 도움이 되는 운동
줄넘기를 꾸준히 열심히 하면 다리에 있는 성장판(키를 크게 하는 부분)에 힘을 줘 키 크는 데 도움이 된다고 해요. 하루에 100번씩이라도 꾸준히 줄넘기하면 키 크는 데 좋겠지요.

우리 몸을 튼튼히, 운동

체육

體 育
몸체 기를육

학교에서는 운동하는 체육 시간이 있지요? 체육은 '몸[體]을 튼튼하게 기른다[育].'라는 뜻으로, 이 시간에는 달리기, 뜀뛰기, 축구, 줄넘기 등 여러 가지 활동과 운동을 해요.

체조

體 操
몸체 움직일조

참!! 갑자기 운동하면 우리 몸은 깜짝 놀라게 돼요. 그래서 운동을 하기 전에 미리 몸을 푸는 간단한 준비 체조를 한답니다. 체조는 몸[體]을 건강하게 기르기 위해 일정하게 움직이는[操] 운동을 말해요. 간단하게 몸을 푸는 맨손 체조도 있지만, 운동 경기인 리듬 체조, 기계 체조도 있어요.

한자, 꼬리에 꼬리를 물고

 한자의 음을 □ 안에 써넣어 더 많은 단어를 알아보아요.

체 [體] 물건, 모양

입 □ 카드

궁 □

입체
立 설 립 體 물건 체

궁체
宮 궁궐 궁 體 모양 체

력 [力] 힘

시 □

풍 □

시력
視 볼 시 力 힘 력

풍력
風 바람 풍 力 힘 력

콕콕! 단어 확인!

다음 ( ) 안에 알맞은 단어를 써 보세요.

1 (　　　　)은 정상 범위를 넘는 몸무게지요.

2 운동을 하면 몸의 힘인 (　　　　)이 길러져요.

3 운동하기 전 몸을 풀기 위해 준비 (　　　　)를 하지요.

한마음 운동회

함께 운동하는 날, 운동회

운동회
運 動 會
돌 운 움직일 동 모임 회

학교에서는 매년 운동회를 하지요. 운동회가 뭐냐고요? 운동회는 친구와 가족이 모여 즐겁게 운동[運動]을 하는 모임[會]이에요. 줄다리기, 박 터트리기, 달리기 등 다양한 운동 경기도 하고 엄마, 아빠와 즐거운 게임도 하지요.

만국기
萬 國 旗
여럿 만 나라 국 깃발 기

운동회 날 운동장에는 아름다운 빛깔의 만국기가 하늘을 수놓아요. 세계 여러[萬] 나라[國]의 국기[旗]가 줄에 매달려 펄럭이면 장관을 이루지요.

운동회에서는 청군과 백군으로 나뉘어 누가 이길지 겨룬답니다. 청군은 푸른색[靑] 옷이나 머리띠를 두른 편[軍]을 말하고 백군은 흰색[白] 옷이나 머리띠를 두른 편[軍]을 말해요. 요즘은 푸른색과 흰색 모자로 구분하기도 해요. 청군과 백군은 서로 정정당당하게 경기를 치르지요.

운동회 경기 중에는 박 터트리기가 있어요. 둥그런 호박처럼 생긴 박을 장대에 매달아 놓고 주머니를 던져 상대편의 박을 터트리는 게임이에요. 먼저 박을 터트려야 이기기 때문에 청군과 백군은 여느 때보다 서로 힘을 합친답니다.

또 장애물 달리기를 하면서 "청군 이겨라!", "백군 이겨라."라고 응원하지요. 장애물은 길 중간을 가로막고[障] 달리기를 방해하는[碍] 물건[物]입니다. 장애물을 빨리 뛰어넘어야 이길 수 있어요.

청군
靑 軍
푸를 청　편 군

백군
白 軍
흰 백　편 군

장애물
障 碍 物
막을 장　방해할 애　물건 물

함께 운동하는 날, 운동회

계주

繼 走
이을 계 달릴 주

운동회의 꽃은 계주지요. 계주는 긴 거리를 여러 사람이 나누어 이어[繼] 달리는[走] 경기예요. 엎치락뒤치락하며 달리면 가슴이 조마조마하답니다.

협동심

協 同 心
도울 협 한가지 동 마음 심

운동회 날에는 누가 이기고 지느냐는 중요하지 않아요. 여러 사람과 함께 재밌는 경기를 하면서 한[同] 마음[心]으로 합쳐[協] 어울렸다는 것이 중요하지요.

한자, 꼬리에 꼬리를 물고

 한자의 음을 □ 안에 써넣어 더 많은 단어를 알아보아요.

계 [繼] 잇다

□모

후□자

계모
繼 이을 계　母 어머니 모

후계자
後 뒤 후　繼 이을 계　者 사람 자

주 [走] 달리다

경□마

도□

경주마
競 다툴 경　走 달릴 주　馬 말 마

도주
逃 달아날 도　走 달릴 주

콕콕! 단어 확인!

 다음 (　) 안에 알맞은 단어를 써 보세요.

1 운동회 날에는 세계 여러 나라 국기인 (　　　)가 펄럭이지요.

2 길 중간을 가로막고 방해하는 물건을 (　　　)이라고 해요.

3 (　　　)는 여러 사람이 나누어 이어 달리는 경기지요.

즐거운 명절

가을 저녁 둥근 달, 추석

명절

名 節
이름 명 절기 절

추석과 설날, 이 두 날은 우리나라의 가장 큰 명절이지요. 명절은 **해마다 지키고 즐기는 이름난[名] 날[節]**이에요. 명절에는 오랫동안 보지 못했던 친척들을 만나고 맛있는 음식을 나눠 먹기도 해요.

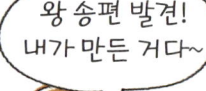

음력 8월 15일은 추석이지요. 추석은 가을[秋] 저녁[夕] 중 유난히 밝은 보름달이 뜨는 날이에요. 그래서 추석이 되면 둥근 달을 보며 소원을 빈답니다.

추석
秋 夕
가을 추 저녁 석

추석이 되기 전 돌아가신 할아버지, 할머니의 무덤을 찾아 벌초하지요. 여름내 무덤 주위에 길게 자란 풀[草]을 베어[伐] 깨끗이 정리한답니다.

벌초
伐 草
벨 벌 풀 초

추석날 아침에는 일찍 일어나 차례를 지내고 성묘를 가지요. 성묘는 돌아가신 할아버지, 할머니의 무덤[墓]을 찾아 돌보는[省] 일이에요. 한 해 동안 키운 햇곡식과 햇과일을 차려 놓고 감사의 절을 올려요.

성묘
省 墓
살필 성 무덤 묘

세 배

歲 拜
해 세 / 절 배

새해 첫날인 설날에는 새 옷을 입고 하얗고 맛있는 떡국을 끓여 먹어요. 옛날부터 '새해 아침에 떡국 한 그릇을 먹으면 한 살 먹는다.'라는 말이 있대요! 또 설날에는 웃어른을 찾아가 세배하지요. 세배는 새해[歲]를 맞이하여 웃어른께 감사한 마음을 담아 하는 절[拜]이에요.

덕 담

德 談
덕 덕 / 말 담

곱게 한복을 차려입고 "새해 복 많이 받으세요."라고 인사하면 웃어른께서는 우리에게 덕담해 주신답니다. "내년에도 더욱 건강해라.", "새해에는 꼭 소원이 이루어지면 좋겠구나!"라고 말씀하시지요. 덕담은 잘되기를 바라는 마음으로 말하는 고마운[德] 말[談]이랍니다.

한자, 꼬리에 꼬리를 물고

✏️ 한자의 음을 ☐ 안에 써넣어 더 많은 단어를 알아보아요.

벌 [伐] 치다, 베다

1 힘으로 적을 무찌르는 것을 정☐이라고 해요.

2 나무 베는 것을 ☐목이라고 해요.

정벌
征 칠 정 伐 칠 벌

벌목
伐 벨 벌 木 나무 목

담 [談] 말, 말하다

1 예로부터 사람들 사이에 전해 오는 말을 속☐이라고 해요.

2 만나서 얼굴을 맞대고 말하는 것을 면☐이라고 해요.

속담
俗 풍속 속 談 말 담

면담
面 얼굴 면 談 말할 담

콕콕! 단어 확인!

✏️ 다음 ( ) 안에 들어갈 알맞은 단어를 보기에서 골라 써 보세요.

| 보기 | 세배 | 명절 | 덕담 |

1 설날과 추석은 우리나라의 큰 (　　　)이에요.

2 설날에 웃어른께 드리는 절을 (　　　)라고 해요.

3 (　　　)은 잘되기를 바라는 마음으로 하는 고마운 말이에요.

방학과 방학 생활

야호! 신 나는 방학

방학

放 學
놓을 방 배울 학

열심히 공부하다 보면 어느새 무더운 여름이 되거나 추운 겨울이 되지요. 날씨가 너무 덥거나 추우면 공부를 제대로 할 수 없어요. 그래서 잠깐 학교를 떠나 쉬는 방학이 있어요. 방학은 학교에서 하던 공부[學]를 잠시 놓고[放] 학교에서 경험하지 못했던 일들을 하는 시간이에요.

방학 동안 학교에 가지 않으면 그 시간 동안 무엇을 해야 할지 잘 모르겠지요? 그래서 생활 계획표를 짠답니다. 생활 계획표는 규칙적인 생활[生活]을 위해 할 일을 헤아려[計] 시간을 나눈[劃] 표[表]예요.

학교에 가지 않는 대신 방학 동안 해야 할 숙제가 많지요? 숙제는 해결하지 못하고 잠재워[宿] 둔 문제[題]를 말해요. 방학 숙제에는 독후감, 일기, 가족 신문, 견학 보고서 등이 있어요.

일기는 매일매일 써야지요!
일기는 '그날의 기록'이라는 뜻으로 그날그날 있었던 일이나 느꼈던 생각을 적은 것이지요. 일기는 미루지 않고 그때그때 쓰는 것이 좋아요.

체험 학습

體 驗 學 習
몸 체 · 겪을 험 · 배울 학 · 익힐 습

방학은 교실에서 벗어나 직접 다양한 경험을 할 수 있어요. 강가에 가면 그물을 펼쳐 직접 물고기를 잡을 수 있고 박물관에 가면 책에서만 보던 물건을 직접 눈으로 볼 수도 있지요. 이렇게 몸소[體] 겪으면서[驗] 배우고[學] 익히는[習] 것을 체험 학습이라고 합니다.

개학

開 學
시작할 개 · 배울 학

즐겁게 방학을 보내다 보면 어느덧 학교에 가는 날이 다가오지요. 방학으로 잠시 쉬었던 배움[學]을 다시 시작하는[開] 날이 개학이에요. 개학하면 한동안 보지 못했던 친구들을 볼 수 있어서 아주 즐겁답니다.

한자, 꼬리에 꼬리를 물고

 한자의 음을 □ 안에 써넣어 더 많은 단어를 알아보아요.

개 [開] 열다, 시작하다

1 여러 사람에게 열어 보여 주는 것을 공□라고 해요.

2 다시 시작하는 것을 재□라고 해요.

방 [放] 놓다

1 가둬 두었던 물을 터서 흘려보내는 것을 □류라고 해요.

2 다른 곳에 정신이 팔려 마음을 놓아 버린 것을 □심 이라고 해요.

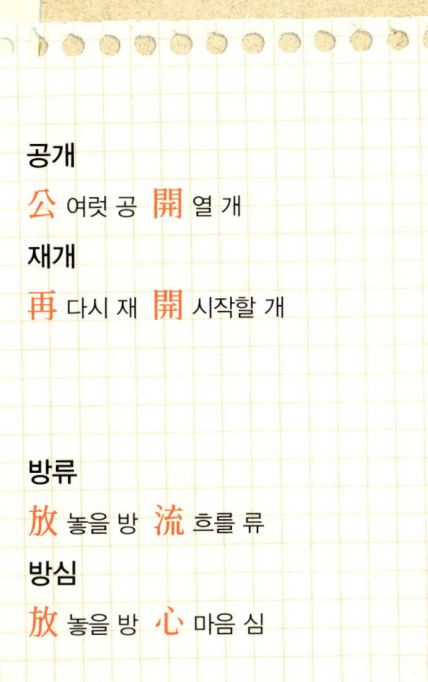

공개
公 여럿 공 開 열 개

재개
再 다시 재 開 시작할 개

방류
放 놓을 방 流 흐를 류

방심
放 놓을 방 心 마음 심

콕콕! 단어 확인!

다음 ( ) 안에 들어갈 알맞은 단어를 보기에서 골라 써 보세요.

| 보기 | 방학 | 체험 | 숙제 |

여름 ( ) 때 부모님과 함께 농촌으로 ( ) 학습을 갈 계획이다. 그곳에 가면 송어도 잡을 수 있고 싱싱한 감자도 캘 수 있다고 한다. 선생님께서 내주신 ( )를 빨리하고 신 나게 놀아야지!

야호! 신 나는 **방학**

단어 속뜻과 정답　182
과목별 찾아보기　192
가나다 찾아보기　195

국어

우리나라에서 사용하는 말, 국어 (15쪽)

한자, 꼬리에 꼬리를 물고

- **부자** 아버지[父]와 아들[子]
- **귀공자** 귀한[貴] 벼슬아치[公] 집의 아들[子]
- **부모** 아버지[父]와 어머니[母]
- **모녀** 어머니[母]와 딸[女]

콕! 콕! 단어 확인!
- 모음자   자음자
  국어   훈민정음

글자가 모여 단어로 변신! (19쪽)

한자, 꼬리에 꼬리를 물고

- **문화재** 문화[文化] 활동으로 만들어진 여러 보물[財]
- **한문** 한자[漢]로 쓴 글[文]
- **도장** 나무나 돌에 그림[圖]이나 글[章]로 이름을 새긴 것
- **훈장** 나라에 공[勳]이 있는 사람에게 모범, 본보기[章]로 내리는 것

콕! 콕! 단어 확인!
- 1. 단어   2. 문장

입 밖으로 나간 소리, 발음 (23쪽)

한자, 꼬리에 꼬리를 물고

- **발사** 화살, 총, 로켓 등을 쏘는[發射] 것
- **발견** 남이 찾지 못한 것이 나타나[發] 눈에 보임[見]
- **음악** 사람의 목소리[音]와 악기[樂]로 만들어 내는 예술
- **소음** 시끄러운[騷] 소리[音]

콕! 콕! 단어 확인!
- 1. 발음   2. 주의

생각을 말해요, 문장 부호 (27쪽)

한자, 꼬리에 꼬리를 물고

- **점선** 점[點]으로 이루어진 줄[線]
- **동점** 같은[同] 점수[點]
- **목표** 이루어 내야 하는 목적[目]을 나타낸[標] 것
- **상표** 상품[商]의 이름이 적힌 표[標]

콕! 콕! 단어 확인!
- 물음표 — 반만 까맣게 그린 점
  반점 — 질문을 나타내는 표시
- "민지야, 왜 그러니(?)"
  "아(!) 이가 아파요."

만든 사람, 작가 — 31쪽

한자, 꼬리에 꼬리를 물고
시작 어떤 일을 처음[始]으로 하는[作] 것
농작물 농사[農]를 지어[作] 기른 식물[物]
상품 사고파는[商] 물건[品]
귀중품 귀[貴]하고 소중한[重] 물건[品]

콕! 콕! 단어 확인!
- 내용 — 작품 속에 담긴 이야기
- 작품 — 작가가 만든 물건
- 작가 — 만드는 재주를 가진 사람

어린이를 위한 이야기, 동화 — 35쪽

한자, 꼬리에 꼬리를 물고
동심 어린이[童]의 마음[心]
동요 어린이[童]가 부르는 노래[謠]
대화 서로 마주 보고[對] 이야기하는[話] 것
수화 손[手]으로 이야기하는[話] 것

콕! 콕! 단어 확인!
1. 전래   2. 독서
3. 동화   4. 정독

삼총사, 인물! 사건! 배경! — 39쪽

한자, 꼬리에 꼬리를 물고
군인 군대[軍]에서 근무하는 사람[人]
외국인 우리나라 바깥[外]에 있는 다른 나라[國] 사람[人]
동물 움직이는[動] 모든 생물[物]
식물 땅에 뿌리를 내린[植] 생물[物]

콕! 콕! 단어 확인!
1. 인물, 배경   2. 주인공

어린이를 위한 시, 동시 — 43쪽

한자, 꼬리에 꼬리를 물고
동안 어린이[童]처럼 어리게 생긴 얼굴[顔]
동요 어린이[童]가 부르는 노래[謠]
인형 사람[人]의 모양[形]을 본떠 만든 장난감
노인 늙은[老] 사람[人]

콕! 콕! 단어 확인!
- 낭송 — 시를 쓰는 사람
- 동시 — 어린이의 생각과 마음으로 어린이를 위해 지은 시
- 시인 — 맑은 목소리로 시를 읽는 것

생각을 말해요, 발표 47쪽

한자, 꼬리에 꼬리를 물고

- **표정** 겉[表]으로 나타나는 감정[情]
- **시간표** 시간[時間]을 나타내는 표[表]
- **병문안** 병[病]을 앓고 있는 사람을 찾아가서 상태를 물어보고[問] 평안한지[安] 살펴보는 것
- **반문** 되돌려[反] 물어보는[問] 것

콕! 콕! 단어 확인!

 1. 발표   2. 질문

그날의 기록, 일기 51쪽

한자, 꼬리에 꼬리를 물고

- **생일** 태어난[生] 날[日]
- **식목일** 나무[木]를 심는[植] 날[日]
- **기자** 신문, 잡지, 방송 등에 실을 여러 가지 글을 쓰는[記] 사람[者]
- **필기구** 필기[筆記]하는데 필요한 도구[具]

콕! 콕! 단어 확인!

 1. ○   2. ○
3. ×

수로 배우는 학문, 수학 57쪽

한자, 꼬리에 꼬리를 물고

- **다수결** 많은[多] 수[數]로 결정하는[決] 것
- **분수** 전체에 대한 부분[分]을 나타내는 수[數]
- **학교** 공부를 배우고[學] 가르치는 곳[校]
- **학용품** 배울[學] 때에 쓰는[用] 물건[品]

콕! 콕! 단어 확인!

아라비아숫자	3	5	7
우리말 숫자	셋	다섯	일곱
한자 숫자	三	五	七

더하고 빼기, 합과 차 61쪽

한자, 꼬리에 꼬리를 물고

- **합창** 여러 사람이 소리를 합하여[合] 노래 부르는[唱] 것
- **합동** 합쳐서[合] 모양이 같은[同] 것
- **차이** 서로 같지 않고 다른[差異] 것
- **차별** 차이[差]가 있게 구분하는[別] 것

콕! 콕! 단어 확인!

 1. 합   2. 차
3. 기호, 기호

양쪽이 같아요, 등식 65쪽

한자, 꼬리에 꼬리를 물고

- 평등 차별 없이 평평하게[平] 고르고 한결같음[等]
- 일등 첫[一] 번째 순위[等]
- 객관식 다른 사람[客]의 입장에서 바라보는[觀] 것처럼, 시험을 볼 때 여러 개의 보기에서 답을 고르는 식[式]
- 입학식 학교[學]에 처음 들어올[入] 때 하는 의식[式]

콕! 콕! 단어 확인!

 1. 등호   2. 부등식
 1. <   2. =

쭉 길게 그은 줄, 선 69쪽

한자, 꼬리에 꼬리를 물고

- 가곡 시에 곡[曲]을 붙여 만든 노래[歌]
- 작곡가 곡[曲]을 만든[作] 사람[家]
- 선로 기차가 다니는 가늘고 긴 쇠줄[線]로 만든 길[路]
- 전선 전기[電]가 흐르는 줄[線]

콕! 콕! 단어 확인!

직선 • — • 구불구불하게 굽은 선
곡선 • ╳ • 똑바로 곧게 뻗은 선
모양 • — • 겉을 본떠서 나타낸 생김새나 모습

때를 알려 주는 기계, 시계 73쪽

한자, 꼬리에 꼬리를 물고

- 계획표 앞으로 할 일을 헤아려[計] 시간을 나눈[劃] 표[表]
- 계산기 수나 양을 셈[計算]하는 기계[機]
- 간식 아침, 점심, 저녁 끼니 사이[間]에 먹는[食] 음식
- 공간 비어[空] 있는 사이[間]

콕! 콕! 단어 확인!

 1. 시각   2. 시간
   3. 시간

견주어 보자, 비교 77쪽

한자, 꼬리에 꼬리를 물고

- 기초 건물의 터[基]와 주춧돌[礎]처럼 사물을 이루는 밑바탕
- 기본권 밑바탕[基]과 근본[本]이 되는 권리[權]
- 준비물 필요한 것을 미리 골고루[準] 갖추어[備] 놓은 물건[物]
- 표준어 나라를 나타내는[標] 기준[準]이 되는 말[語]

콕! 콕! 단어 확인!

 1. 비교   2. 분류
 크다

단어 속뜻과 정답 **185**

바른 생활

배우고 가르치는 곳, 학교 (83쪽)

한자, 꼬리에 꼬리를 물고

- **방학** 배우던[學] 것을 잠시 놓음[放]
- **유학** 집을 떠나 다른 곳에 머물며[留] 공부함[學]
- **교문** 학교[校]의 문[門]
- **교복** 학교[校]에서 학생들이 입도록 정한 옷[服]

콕! 콕! 단어 확인!
1. 학교   2. 규칙
3. 실내화

바른 자세로 인사해요 (87쪽)

한자, 꼬리에 꼬리를 물고

- **목격** 눈[目]으로 봄[擊]
- **지목** 손으로 가리켜[指] 보게[目] 함
- **혼례** 남자와 여자가 만나 결혼하는[婚] 의례[禮]
- **제례** 돌아가신 조상에게 제사[祭]를 지내는 의례[禮]

콕! 콕! 단어 확인!
1. 인사   2. 악수
3. 목례

내 마음을 받아 줘, 사과 (91쪽)

한자, 꼬리에 꼬리를 물고

- **미달** 아직 이르지[達] 않음[未]
- **미완성** 아직 완전하게[完] 이루어[成]지지 않음[未]
- **불안** 편안하지[安] 않음[不]
- **안부** 편안하게[安] 지내는지 그렇지 않은지[否]에 대한 소식

콕! 콕! 단어 확인!
1. 고마워   2. 미안해

마시고 먹는 것, 음식 (95쪽)

한자, 꼬리에 꼬리를 물고

- **주야** 낮[晝]과 밤[夜]
- **야광** 어두운[夜] 곳에서 스스로 내는 빛[光]
- **주식** 식사 때 주[主]로 먹는[食] 음식
- **식당** 음식[食]을 파는 집[堂]

콕! 콕! 단어 확인!
1. 음식   2. 편식
3. 간식

앞니와 어금니, 치아 (99쪽)

한자, 꼬리에 꼬리를 물고

- **치과** 아픈 이[齒]를 고치는 병원[科]
- **치통** 이[齒]가 아픈[痛] 것
- **약국** 약[藥]을 파는 곳[局]
- **구급약** 급한[急] 병에서 구원하는[救] 약[藥]

콕! 콕! 단어 확인!
1. 치아
2. 치약
3. 충치

여럿이 함께 쓰는 곳, 공공장소 (103쪽)

한자, 꼬리에 꼬리를 물고

- **공원** 여러[公] 사람이 이용하는 동산[園]
- **공정** 여러 사람에게 공평하고[公] 올바름[正]
- **공용** 다른 사람과 함께[共] 쓰는[用] 것
- **공유** 다른 사람과 함께[共] 가지는[有] 것

콕! 콕! 단어 확인!
1. 공공장소
2. 피해
3. 양보

지구가 더러워졌어요, 환경 오염 (107쪽)

한자, 꼬리에 꼬리를 물고

- **재생** 버리는 물건을 다시[再] 살려서[生] 사용함
- **재회** 헤어졌다 다시[再] 만남[會]
- **활력** 살아[活] 움직이는 힘[力]
- **부활** 다시[復] 살아남[活]

콕! 콕! 단어 확인!
1. 환경 오염
2. 온난화
3. 재활용

우리가 사는 나라, 대한민국 (111쪽)

한자, 꼬리에 꼬리를 물고

- **한복** 우리나라[韓] 사람들이 옛날부터 입던 옷[服]
- **한옥** 우리나라[韓] 사람들이 옛날부터 살던 집[屋]
- **국보** 나라[國]의 보물[寶]
- **국경일** 나라[國]의 기쁜 일[慶]을 기념하기 위해 정한 날[日]

콕! 콕! 단어 확인!
1. 태극기
2. 애국가
3. 무궁화

슬기로운 생활

사람이 다니는 길, 인도 (117쪽)

한자, 꼬리에 꼬리를 물고

- 통행 이곳에서 저곳으로 지나서[通] 다님[行]
- 통화 전화로 말[話]을 서로 주고받음[通]
- 가로등 거리[街]나 길[路]가에 있는 등[燈]
- 등산로 산[山]에 오르는[登] 길[路]

콕! 콕! 단어 확인!

 횡단보도

표시를 적은 판자, 표지판 (121쪽)

한자, 꼬리에 꼬리를 물고

- 확신 굳게[確] 믿음[信]
- 자신감 자신을 스스로[自] 믿는[信] 마음[感]
- 번호 차례[番]를 나타내는 부호[號]
- 호령 큰 소리로 부르짖으며[號] 명령하는[令] 것

콕! 콕! 단어 확인!

 1. 표지판   2. 신호등
 인도가 아니니 걸어 다니지 마세요!

한집에 사는 한 핏줄, 가족 (125쪽)

한자, 꼬리에 꼬리를 물고

- 가축 집[家]에서 기르는 짐승[畜]
- 가전제품 집[家]에서 전기[電]를 사용하도록 만든[製] 물건[品]
- 정원 집이나 건물에 딸린 뜰[庭]이나 작은 동산[園]
- 법정 법[法]을 어긴 사람들의 죄를 판단하는 장소[庭]

콕! 콕! 단어 확인!

 1. 가족   2. 친척

사람의 몸, 신체 (129쪽)

한자, 꼬리에 꼬리를 물고

- 장신 키가 큰[長] 몸[身]
  (우리말로 키가 '크다'라고 하지만 한자로는 '길다 장－長'을 써요.)
- 변신 몸[身]이나 모습을 다르게 바꿈[變]
- 체중 몸[體] 무게[重]
- 체육 몸[體]을 튼튼하게 기르는[育] 활동

콕! 콕! 단어 확인!

 1. 신체   2. 이목구비
        3. 심신

병을 고치는 집, 병원　133쪽

한자, 꼬리에 꼬리를 물고

간판 사람들이 볼[看] 수 있게 내건 널빤지[板]
간병 병든[病] 사람을 돌봄[看]
자연 보호 자연[自然]을 아프지 않게 지키고[保] 돌보는[護] 일
변호사 그 사람에게 유리하도록 말을 잘 해[辯] 지켜 주는[護] 사람[士]

콕! 콕! 단어 확인!
1. 응급실　　2. 구급차

이가 아프면 치과에 가요　137쪽

한자, 꼬리에 꼬리를 물고

해외 바다[海] 밖[外]의 다른 나라
외투 겉옷 바깥[外]에 걸치는[套] 옷
내의 옷 안[內]에 입는 옷[衣]
내복약 몸 밖에 바르는 약이 아니라 몸 안[內]으로 먹는[服] 약[藥]

콕! 콕! 단어 확인!
1. 치과　　2. 외과
3. 이비인후과

소리로 진찰해요, 청진기　141쪽

한자, 꼬리에 꼬리를 물고

온도계 따뜻한[溫] 정도[度]를 재는[計] 도구
온천 따뜻한[溫] 물이 솟는 샘[泉]
소화기 불[火]을 끄는[消] 도구[器]
소방관 불[火]을 끄거나[消] 막는[防] 사람[官]

콕! 콕! 단어 확인!
 1. 주사기　　2. 소독약

가을걷이, 추수　145쪽

한자, 꼬리에 꼬리를 물고

결과 열매[果]를 맺음[結]
연결 서로 이어서[連] 맺음[結]
과실 나무의 열매[果實]
진실 참된[眞] 사실[實]

콕! 콕! 단어 확인!

낙엽 •　　•
　　　✕
추수 •　　•

단어 속뜻과 정답　189

즐거운 생활

소리로 말해요, 음악 — 151쪽

한자, 꼬리에 꼬리를 물고

- **화음** 둘 이상의 소리가 울릴 때 서로 어울리는[和] 소리[音]
- **장음** 길게[長] 나는 소리[音]
- **성악** 사람의 목소리[聲]로 이루어진 음악[樂]
- **농악** 농촌[農]에서 연주되던 음악[樂]

콕! 콕! 단어 확인!

 악기, 음악, 감상

소리를 적은 것, 악보 — 155쪽

한자, 꼬리에 꼬리를 물고

- **박수** 손뼉[手]을 치는[拍] 일
- **박장대소** 손바닥[掌]을 치며[拍] 큰[大] 소리로 웃음[笑]
- **계단** 비탈진 곳을 오를 수 있게 층층으로[階] 구분[段] 지어 만든 것
- **계명** 음계의 계[階] 이름[名]

콕! 콕! 단어 확인!

 1. 악보   2. 오선지
3. 음계

얼굴을 그려요, 초상화 — 159쪽

한자, 꼬리에 꼬리를 물고

- **미인** 아름다운[美] 사람[人]
- **미용실** 머리와 얼굴[容]을 아름답게[美] 해 주는 곳[室]
- **수술** 손[手]을 사용하여 몸을 치료하는 재주[術]
- **무술** 무예[武]의 기술[術]

콕! 콕! 단어 확인!

 미술, 초상화, 화가

저절로 그러한 것, 자연 — 163쪽

한자, 꼬리에 꼬리를 물고

- **이동** 움직이면서[動] 옮겨[移] 다님
- **자동문** 스스로[自] 움직이는[動] 문[門]
- **식목일** 나무[木]를 심는[植] 날[日]
- **이식** 이곳에서 저곳으로 옮겨[移] 심음[植]

콕! 콕! 단어 확인!

 1. 인공   2. 동물
3. 식물

우리 몸을 튼튼히, 운동 167쪽

한자, 꼬리에 꼬리를 물고

- **입체** 세워[立] 놓은 물체[體]
- **궁체** 조선 시대에, 궁[宮]에서 일하는 여인들이 쓰던 글씨 모양[體]
- **시력** 눈으로 보는[視] 힘[力]
- **풍력** 바람[風]의 힘[力]

콕! 콕! 단어 확인!

 1. 과체중   2. 체력
   3. 체조

함께 운동하는 날, 운동회 171쪽

한자, 꼬리에 꼬리를 물고

- **계모** 친어머니 대신에 그 자리를 이으신[繼] 새어머니[母]
- **후계자** 어떤 일이나 사람의 뒤[後]를 잇는[繼] 사람[者]
- **경주마** 다투어[競] 달리는[走] 말[馬]
- **도주** 달아나[逃] 달림[走]

콕! 콕! 단어 확인!

 1. 만국기   2. 장애물
   3. 계주

가을 저녁 둥근 달, 추석 175쪽

한자, 꼬리에 꼬리를 물고

- **정벌** 전쟁을 일으켜 적은 치는[征伐] 일
- **벌목** 나무[木]를 베는[伐] 일
- **속담** 옛날부터 세상 사람들[俗] 사이에 전해지는 짧은 말[談]
- **면담** 얼굴[面] 마주하고 말함[談]

콕! 콕! 단어 확인!

 1. 명절   2. 세배
   3. 덕담

야호! 신 나는 방학 179쪽

한자, 꼬리에 꼬리를 물고

- **공개** 여러[公] 사람에게 열어[開] 보여 주는 것
- **재개** 다시[再] 시작함[開]
- **방류** 가두어 놓은 물을 터서 흘려[流]보냄[放]
- **방심** 마음[心]을 놓아 버림[放]

콕! 콕! 단어 확인!

방학, 체험, 숙제

단어 속뜻과 정답 **191**

과목별 찾아보기

국어

국어	14
글자	16
낭송	42
내용	30
단어	17
대답	46
독서	34
동시	41
동화	32
모음자	14
문장	18
문장 부호	24
반점	25
발음	20
발표	44
배경	38
사건	38
시인	42
온점	25
요일	50
의견	45
인물	36
일기	48
자음자	13
작가	28
작품	29
전래 동화	33
정확	21
제목	30
주의	22
주인공	37
질문	46
표	26
훈민정음	12

수학

계산	58
곡선	67
규칙	75
기준	76
기호	60
등식	64
등호	63
모양	68
부등식	64
부등호	63
분류	76
비교	74
선	66
수학	55
숫자	55
시각	72
시간	72
시계	71
직선	67
차	60
합	59

바른 생활

간식	94
감사	90
경례	86
공공시설	102
공공장소	100
공해	105
교실	81
규칙	81
대한민국	108
목례	86
무궁화	110
미안	89
사과	88
식사	94
실내화	82

192 부록

실천 … 81	환경 오염 … 104	응급실 … 132
악수 … 85		의사 … 131
애국가 … 109	**슬기로운 생활**	이목구비 … 128
애국심 … 109		이비인후과 … 136
야식 … 94		인도 … 115
양보 … 102	가정 … 123	주사기 … 140
양치 … 97	가족 … 122	차도 … 114
예방 … 98	간호사 … 131	청진기 … 138
온난화 … 105	결실 … 143	체온계 … 139
음료수 … 93	교통 … 116	추수 … 142
음식 … 92	구급차 … 132	치과 … 135
인사 … 85	낙엽 … 144	친척 … 124
자세 … 84	내과 … 136	표지판 … 118
자연 보호 … 106	단풍 … 144	하반신 … 127
재활용 … 106	도로 … 116	환자 … 131
질서 … 101	반신 … 127	횡단보도 … 115
충치 … 98	병원 … 130	
치아 … 96	상반신 … 127	**즐거운 생활**
치약 … 97	소독 … 139	
칭찬 … 90	소독약 … 140	감상 … 150
태극기 … 109	수확 … 143	개학 … 178
편식 … 93	식구 … 123	계주 … 170
피해 … 101	신체 … 126	과체중 … 164
학교 … 80	신호등 … 120	덕담 … 174
한반도 … 110	심신 … 128	도화지 … 157
화해 … 90	안과 … 135	독주 … 150
	외과 … 135	

과목별 찾아보기

동물 · · · · · · · · · 161	체격 · · · · · · · · · 165
만국기 · · · · · · · · · 168	체력 · · · · · · · · · 165
명절 · · · · · · · · · 172	체육 · · · · · · · · · 166
미술 · · · · · · · · · 158	체조 · · · · · · · · · 166
박자 · · · · · · · · · 154	체험 학습 · · · · · · · · · 178
방학 · · · · · · · · · 176	초상화 · · · · · · · · · 157
백군 · · · · · · · · · 169	추석 · · · · · · · · · 173
벌초 · · · · · · · · · 173	풍경화 · · · · · · · · · 158
생활 계획표 · · · · · · · · · 177	합주 · · · · · · · · · 150
성묘 · · · · · · · · · 173	협동심 · · · · · · · · · 170
세배 · · · · · · · · · 174	화가 · · · · · · · · · 157
숙제 · · · · · · · · · 177	희귀종 · · · · · · · · · 162
식물 · · · · · · · · · 162	
악기 · · · · · · · · · 149	
악보 · · · · · · · · · 152	
연주 · · · · · · · · · 149	
오선지 · · · · · · · · · 153	
운동 · · · · · · · · · 165	
운동회 · · · · · · · · · 168	
음계 · · · · · · · · · 154	
음악 · · · · · · · · · 148	
음표 · · · · · · · · · 153	
인공 · · · · · · · · · 161	
자연 · · · · · · · · · 160	
장애물 · · · · · · · · · 169	
청군 · · · · · · · · · 169	

가나다 찾아보기

가

가곡	69
가로등	117
가전제품	125
가정	123
가족	122
가축	125
간병	133
간식	73, 94
간판	133
간호사	131
감사	90
감상	150
개학	178
객관식	65
결과	145
결실	143
경례	86
경주마	171
계단	155
계명	155
계모	171
계산	58
계산기	73
계주	170
계획표	73
곡선	67
공간	73
공개	179
공공시설	102
공공장소	100
공용	103
공원	103
공유	103
공정	103
공해	105
과실	145
과체중	164
교문	83
교복	83
교실	81
교통	116
구급약	99
구급차	132
국경일	111
국보	111
국어	14
군인	39
궁체	167
귀공자	15
귀중품	31
규칙	75, 81
글자	16
기본권	77
기자	51
기준	76
기초	77
기호	60

나

낙엽	144
낭송	42
내과	136
내복약	137
내용	30
내의	137
노인	43
농악	151
농작물	31

다

다수결	57
단어	17
단풍	144
대답	46

가나다 찾아보기 195

대한민국 … 108	모양 … 68	발사 … 23
대화 … 35	모음자 … 14	발음 … 20
덕담 … 174	목격 … 87	발표 … 44
도로 … 116	목례 … 86	방류 … 179
도장 … 19	목표 … 27	방심 … 179
도주 … 171	무궁화 … 110	방학 … 176
도화지 … 157	무술 … 159	배경 … 38
독서 … 34	문장 … 18	백군 … 169
독주 … 150	문장 부호 … 24	번호 … 121
동물 … 39, 161	문화재 … 19	벌목 … 175
동시 … 41	미달 … 91	벌초 … 173
동심 … 35	미술 … 158	법정 … 125
동안 … 43	미안 … 89	변신 … 129
동요 … 43	미완성 … 91	변호사 … 133
동점 … 27	미용실 … 159	병문안 … 47
동화 … 32	미인 … 159	병원 … 130
등산로 … 117		부등식 … 64
등식 … 64	······ 바 ······	부등호 … 63
등호 … 63		부모 … 15
	박수 … 155	부자 … 15
······ 마 ······	박자 … 154	부활 … 107
	박장대소 … 155	분류 … 76
만국기 … 168	반문 … 47	분수 … 57
면담 … 175	반신 … 127	불안 … 91
명절 … 172	반점 … 25	비교 … 74
모녀 … 15	발견 … 23	

사

사건	38
사과	88
상반신	127
상표	27
상품	31
생일	51
생활 계획표	177
선	66
선로	69
성묘	173
성악	151
세배	174
소독	139
소독약	140
소방관	141
소음	23
소화기	141
속담	175
수술	159
수학	55
수화	35
수확	143
숙제	177
숫자	55
시각	72
시간	72
시간표	47
시계	71
시력	167
시인	42
시작	31
식구	123
식당	95
식목일	51
식물	39, 162
식물원	163
식사	94
신체	126
신호등	120
실내화	82
실천	81
심신	128

아

아동복	35
악기	149
악보	152
악수	85
안과	135
안부	91
애국가	109
애국심	109
야광	95
야식	94
약국	99
양보	102
양치	97
연결	145
연주	149
예방	98
오선지	153
온난화	105
온도계	141
온점	25
온천	141
외과	135
외국인	39
외투	137
요일	50
운동	165
운동회	168
유학	83
음계	154
음료수	93
음식	92

음악 ……… 23, 148	자음자 ……… 13	직선 ……… 67
음표 ……… 153	작가 ……… 28	진실 ……… 145
응급실 ……… 132	작곡가 ……… 69	질문 ……… 46
의견 ……… 45	작품 ……… 29	질서 ……… 101
의사 ……… 131	장신 ……… 129	
이동 ……… 163	장애물 ……… 169	……… 차 ………
이목구비 ……… 128	장음 ……… 151	
이비인후과 ……… 136	재개 ……… 179	차 ……… 60
이식 ……… 163	재생 ……… 107	차도 ……… 114
인공 ……… 161	재활용 ……… 106	차별 ……… 61
인도 ……… 115	재회 ……… 107	차이 ……… 61
인물 ……… 36	전래 동화 ……… 33	청군 ……… 169
인사 ……… 85	전선 ……… 69	청진기 ……… 138
인형 ……… 43	점선 ……… 27	체격 ……… 165
일기 ……… 48	정벌 ……… 175	체력 ……… 165
일등 ……… 65	정원 ……… 125	체온계 ……… 139
입체 ……… 167	정확 ……… 21	체육 ……… 129, 166
입학식 ……… 65	제례 ……… 87	체조 ……… 166
	제목 ……… 30	체중 ……… 129
……… 자 ………	주사기 ……… 140	체험 학습 ……… 178
	주식 ……… 95	초상화 ……… 157
자동문 ……… 163	주야 ……… 95	추석 ……… 173
자세 ……… 84	주의 ……… 22	추수 ……… 142
자신감 ……… 121	주인공 ……… 37	충치 ……… 98
자연 ……… 160	준비물 ……… 77	치과 ……… 99, 135
자연 보호 ……… 106, 133	지목 ……… 87	치아 ……… 96

치약	97
치통	99
친척	124
칭찬	90

타

태극기	109
통행	117
통화	117

파

편식	93
평등	65
표	26
표정	47
표준어	77
표지판	118

풍경화	158
풍력	167
피해	101
필기구	51

하

하반신	127
학교	57, 80
학기	83
학용품	57
한문	19
한반도	110
한복	111
한옥	111
합	59
합동	61
합주	150
합창	61

해외	137
협동심	170
호령	121
혼례	87
화가	157
화음	151
화해	90
확신	121
환경 오염	104
환자	131
활력	107
횡단보도	115
후계자	171
훈민정음	12
훈장	19
희귀종	162

자료 제공

p. 40 구슬 비 ⓒ권오순

p. 40 아침 ⓒ김상련

p. 41 없네 ⓒ안도현

p. 119 도로 공사 중 표지판 ⓒ도로 교통 공단

p. 119 보행자 보행 금지 ⓒ도로 교통 공단

p. 119 횡단보도 ⓒ도로 교통 공단

p. 121 보행자 보행 금지 ⓒ도로 교통 공단

p. 153 도토리 ⓒ유성윤 작사, 황철익 작곡

- 위에 언급하지 않은 모든 사진, 삽화, 내용 자료들의 저작권은 저작자나 본 출판사에 있습니다.
- 저작권자를 찾지 못하여 게재 허락을 받지 못한 사진, 내용 자료에 대해서는 저작권자가 확인되는 대로 게재 허락을 받고 통상의 기준에 따라 사용료를 지급하도록 하겠습니다.

학교에서 가르쳐 주지 않는

교과서 한자어 이 단어 뜻이 뭘까?

1 학년

손으로 써 보는

한자 익힘책

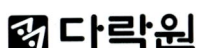

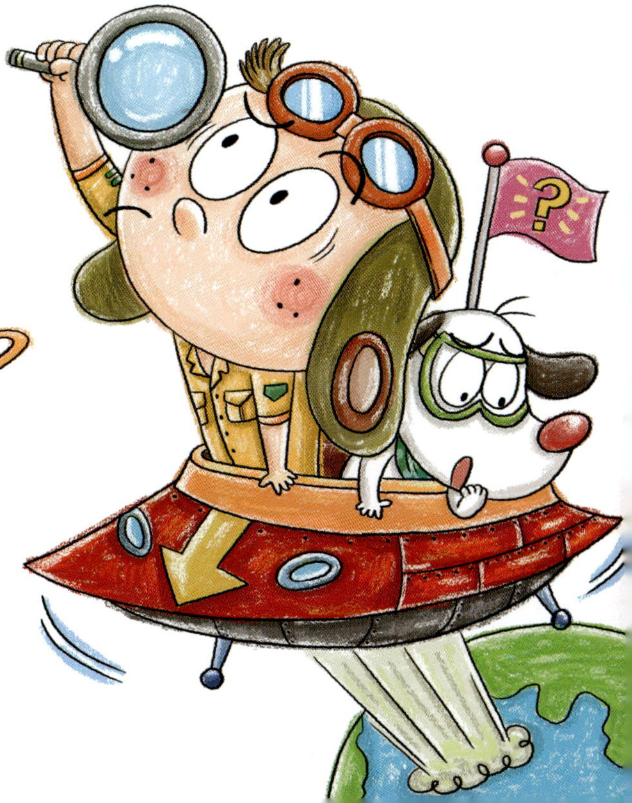

다락원

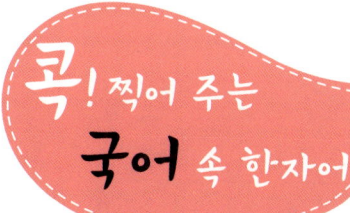

● 우리나라에서 사용하는 말, **국어** 본책 12쪽~15쪽

훈민정음 **訓民正音** 가르칠 훈 백성 민 바를 정 소리 음	訓 民 正 音 속뜻:
자음자 **子音字** 아이 자 소리 음 글자 자	子 音 字 속뜻:
모음자 **母音字** 어머니 모 소리 음 글자 자	母 音 字 속뜻:
국어 **國語** 나라 국 말 어	國 語 속뜻:

● **글자**가 모여 **단어**로 변신! 본책 16쪽~19쪽

글자 **글 字** 글자 자	글 字 속뜻:
단어 **單語** 홀로 단 말 어	單 語 속뜻:
문장 **文章** 글 문 글 장	文 章 속뜻:

● 입 밖으로 나간 소리, **발음** (본책 20쪽~23쪽)

발음 發音 나갈 발 소리 음	發音 속뜻:
정확 正確 바를 정 확실할 확	正確 속뜻:
주의 注意 쏟을 주 뜻 의	注意 속뜻:

● 생각을 말해요, **문장 부호** (본책 24쪽~27쪽)

문장 부호 文章符號 글 문 글 장 기호 부 기호 호	文章符號 속뜻:
온점 온 點 점 점	온點 속뜻:
반점 半 點 절반 반 점 점	半點 속뜻:
표 標 나타낼 표	標 속뜻:

● 만든 사람, **작가** (본책 28쪽~31쪽)

작가 作家 만들 작 사람 가	作家 속뜻:

대답
對答
대할 대 / 답할 답
속뜻:

● 그날의 기록, **일기** 본책 48쪽~51쪽

일기
日記
날 일 / 적을 기
속뜻:

요일
曜日
일주일 요 / 날 일
속뜻:

콕! 찍어 주는 수학 속 한자어

● 수로 배우는 학문, **수학** 본책 54쪽~57쪽

수학
數學
셀 수 / 배울 학
속뜻:

숫자
數字
셀 수 / 글자 자
속뜻:

● 더하고 빼기, **합과 차** 본책 58쪽~61쪽

계산
計算
헤아릴 계 / 셈할 산
속뜻:

직선 直線 곧을 직 줄 선	直線 속뜻:
곡선 曲線 굽을 곡 줄 선	曲線 속뜻:
모양 模樣 본뜰 모 모습 양	模樣 속뜻:

● 때를 알려주는 기계, **시계**　본책 70쪽~73쪽

시계 時計 때 시 셀 계	時計 속뜻:
시각 時刻 때 시 때 각	時刻 속뜻:
시간 時間 때 시 사이 간	時間 속뜻:

● 견주어 보자, **비교**　본책 74쪽~77쪽

비교 比較 견줄 비 견줄 교	比較 속뜻:
규칙 規則 법 규 법 칙	規則 속뜻:

분류	分類
分 類 나눌 분　무리 류	分 類 속뜻:

기준	基準
基 準 기본 기　표준 준	基 準 속뜻:

● 배우고 가르치는 곳, **학교**　본책 80쪽~83쪽

학교	學校
學 校 배울 학　학교 교	學 校 속뜻:

교실	敎室
敎 室 가르칠 교　방 실	敎 室 속뜻:

규칙	規則
規 則 법 규　법 칙	規 則 속뜻:

실천	實踐
實 踐 진짜 실　행할 천	實 踐 속뜻:

화해 和解 어울릴 화 · 풀 해	和 解 속뜻:
감사 感謝 느낄 감 · 보답할 사	感 謝 속뜻:
칭찬 稱讚 이야기할 칭 · 기릴 찬	稱 讚 속뜻:

● 마시고 먹는 것, **음식** 〔본책 92쪽~95쪽〕

음식 飮食 마실 음 · 먹을 식	飮 食 속뜻:
편식 偏食 한쪽 편 · 먹을 식	偏 食 속뜻:
음료수 飮料水 마실 음 · 재료 료 · 물 수	飮 料 水 속뜻:
식사 食事 먹을 식 · 일 사	食 事 속뜻:
간식 間食 사이 간 · 먹을 식	間 食 속뜻:

야식	夜食
夜食 밤 야　먹을 식	속뜻:

● 앞니와 어금니, **치아** 〔본책 96쪽~99쪽〕

치아	齒牙
齒牙 이 치　어금니 아	속뜻:

양치	養齒
養齒 가꿀 양　이 치	속뜻:

치약	齒藥
齒藥 이 치　약 약	속뜻:

충치	蟲齒
蟲齒 벌레 충　이 치	속뜻:

예방	豫防
豫防 미리 예　막을 방	속뜻:

● 여럿이 함께 쓰는 곳, **공공장소** 〔본책 100쪽~103쪽〕

공공장소	公共場所
公共場所 여럿 공　함께 공　마당 장　곳 소	속뜻:

피해	被害
被害 입을 피　해로울 해	속뜻:

질서	秩序
秩序 차례 질 차례 서	속뜻:

공공시설	公共施設
公共施設 여럿 공 함께 공 베풀 시 세울 설	속뜻:

양보	讓步
讓步 넘겨줄 양 걸음 보	속뜻:

● 지구가 더러워졌어요, **환경 오염** 본책 104쪽~107쪽

환경 오염	環境汚染
環境汚染 둘러쌀 환 장소 경 더러울 오 물들일 염	속뜻:

온난화	溫暖化
溫暖化 따뜻할 온 따뜻할 난 될 화	속뜻:

공해	公害
公害 여럿 공 피해 해	속뜻:

자연 보호	自然保護
自然保護 스스로 자 그러할 연 지킬 보 돌볼 호	속뜻:

재활용	再活用
再活用 다시 재 살 활 쓸 용	속뜻:

● 우리가 사는 나라, **대한민국** 본책 108쪽~111쪽

대한민국
大韓民國
큰 대 / 나라 이름 한 / 사람 민 / 나라 국

大 韓 民 國
속뜻:

태극기
太極旗
클 태 / 다할 극 / 깃발 기

太 極 旗
속뜻:

애국가
愛國歌
사랑할 애 / 나라 국 / 노래 가

愛 國 歌
속뜻:

애국심
愛國心
사랑할 애 / 나라 국 / 마음 심

愛 國 心
속뜻:

무궁화
無窮花
없을 무 / 끝 궁 / 꽃 화

無 窮 花
속뜻:

한반도
韓半島
나라 이름 한 / 절반 반 / 섬 도

韓 半 島
속뜻:

● 사람이 다니는 길, **인도** 본책 114쪽~117쪽

차도 車 道 자동차 차　길 도	車 道 속뜻:
인도 人 道 사람 인　길 도	人 道 속뜻:
횡단보도 橫斷步道 가로 횡 끊을 단 걸음 보 길 도	橫 斷 步 道 속뜻:
도로 道 路 길 도　길 로	道 路 속뜻:
교통 交 通 서로 교　통할 통	交 通 속뜻:

● 표시를 적은 판자, **표지판** 본책 118쪽~121쪽

표지판 標 識 板 표시 표　적을 지　판자 판	標 識 板 속뜻:
신호등 信 號 燈 신호 신　신호 호　등 등	信 號 燈 속뜻:

● 한집에 사는 한 핏줄, **가족** [본책 122쪽~125쪽]

가족 家 族 집 가 겨레 족	家 族 속뜻:
식구 食 口 먹을 식 입 구	食 口 속뜻:
가정 家 庭 집 가 공간 정	家 庭 속뜻:
친척 親 戚 친가 친 외가 척	親 戚 속뜻:

● 사람의 몸, **신체** [본책 126쪽~129쪽]

신체 身 體 몸 신 몸 체	身 體 속뜻:
반신 半 身 절반 반 몸 신	半 身 속뜻:
상반신 上 半 身 위 상 절반 반 몸 신	上 半 身 속뜻:
하반신 下 半 身 아래 하 절반 반 몸 신	下 半 身 속뜻:

● 병을 고치는 집, **병원** 본책 130쪽~133쪽

● 이가 아프면 **치과**에 가요　본책 134쪽~137쪽

치과 齒 科 이 치　과목 과	齒 科 속뜻:
안과 眼 科 눈 안　과목 과	眼 科 속뜻:
외과 外 科 바깥 외　과목 과	外 科 속뜻:
내과 內 科 안 내　과목 과	內 科 속뜻:
이비인후과 耳 鼻 咽 喉 科 귀 이　코 비　목 인　목 후　과목 과	耳 鼻 咽 喉 科 속뜻:

● 소리로 진찰해요, **청진기**　본책 138쪽~141쪽

청진기 聽 診 器 들을 청　볼 진　도구 기	聽 診 器 속뜻:
체온계 體 溫 計 몸 체　따뜻할 온　셀 계	體 溫 計 속뜻:
소독 消 毒 없앨 소　독 독	消 毒 속뜻:

● 소리로 말해요, **음악** 본책 148쪽~151쪽

음악	音樂
音 樂 소리 음 악기 악	속뜻:

악기	樂器
樂 器 음악 악 도구 기	속뜻:

연주	演奏
演 奏 펼 연 곡 주	속뜻:

독주	獨奏
獨 奏 홀로 독 연주할 주	속뜻:

합주	合奏
合 奏 합할 합 연주할 주	속뜻:

감상	鑑賞
鑑 賞 살펴볼 감 즐길 상	속뜻:

● 소리를 적은 것, **악보** 본책 152쪽~155쪽

악보	樂譜
樂 譜 음악 악 적을 보	속뜻:

● 저절로 그러한 것, **자연** 본책 160쪽~163쪽

● 우리 몸을 튼튼히, **운동** 본책 164쪽~167쪽

장애물	障碍物
막을 장 방해할 애 물건 물	속뜻:

계주	繼走
이을 계 달릴 주	속뜻:

협동심	協同心
도울 협 한가지 동 마음 심	속뜻:

● 가을 저녁 둥근 달, **추석** 본책 172쪽~175쪽

명절	名節
이름 명 절기 절	속뜻:

추석	秋夕
가을 추 저녁 석	속뜻:

벌초	伐草
벨 벌 풀 초	속뜻:

성묘	省墓
살필 성 무덤 묘	속뜻:

세배	歲拜
해 세 절 배	속뜻:

"한자어 공부 손으로 써 보면 머리에 더 쏙쏙 들어와!"

한자 익힘책 알차게 활용하기

하나 한자를 한 획 한 획 정성 들여 따라 써요.
둘 익힌 한자를 스스로 자유롭게 연습해 봐요.

일기
日 記
날 일 적을 기

日記 日記 日記 日記

속뜻: 매일매일 그날 있었던 일을 적은 글

셋 속뜻을 휘리릭 찾아 또박또박 적으면 한자어 공부도 끝!

한자 또박또박 바르게 쓰기

한자 쓰는 순서를 '필순'이라고 해요. 필순의 몇 가지 원칙만 알아두면 한자를 빠르고 편리하게 쓸 수 있답니다.

왼쪽에서 오른쪽으로 쓴다.	川	ノ ノ 川
위에서 아래로 쓴다.	三	一 二 三
가로획과 세로획이 교차할 때에는 가로획을 먼저 쓴다.	十	一 十
삐침과 파임이 만날 때에는 삐침을 먼저 쓴다.	入	ノ 入
좌우의 모양이 같을 때에는 가운데를 먼저 쓴다.	小	亅 小 小
안쪽과 바깥쪽이 있을 때에 바깥쪽을 먼저 쓴다.	同	丨 冂 月 同 同 同
꿰뚫는 획은 나중에 쓴다.	中	丶 口 口 中
오른쪽 위의 점은 나중에 찍는다.	犬	一 ナ 大 犬
받침은 나중에 쓴다.	近	´ ´ ŕ ŕ ŕ 斤 沂 沂 近